Anneli McLachlan

ALWAYS LEARNING

PEARSON

Published by Pearson Education Limited, Edinburgh Gate, Harlow, Essex, CM20 2JE.

www.pearsonschoolsandfecolleges.co.uk

Heinemann is a registered trademark of Pearson Education Limited

Developed by Clive Bell
Edited by Lauren Bourque
Typeset by Kamae Design
Original illustrations © Pearson Education Limited 2013
Illustrated by KJA Artists (Caron) and HL Design
Cover design by Miriam Sturdee
Cover photo © Miguel Domínguez Muñoz. Models: Samuel, Estela, Marco, José, Laura, Ramona and Aroa of Colegio Nazaret, Oviedo. With thanks to them and the staff of Colegio Nazaret for their role in the TeleViva videos.
Songs composed by Charlie Spencer and Stuart Sibley of Candle Music Ltd. Lyrics by Anneli MacLachlan.

Audio recorded by Alchemy (Produced by Rowan Laxton; voice artists: Francesc Xavier Canals, Paula Carracedo Ventoso, Paula Cordón Marín, Lorena Davis Mosquera, Elias Ferrer, Andrew Hutchison Triviño, David Ramos, Mari Luz Rodriguez).

The right of Anneli MacLachlan to be identified as author of this work has been asserted by her in accordance with the Copyright, Designs and Patents Act 1988.

First published 2013

16
10 9 8 7 6

British Library Cataloguing in Publication Data

A catalogue record for this book is available from the British Library

ISBN 978 1 447 93525 4

Printed in China by Golden Cup

Acknowledgements
We would like to thank Teresa Alvarez, Naomi Laredo, Chris Lillington, Ruth Manteca Tahoces, Sara McKenna, José Picardo and Daniela Vega Lopez for their invaluable help in the development of this course.

The author and publisher would like to thank the following individuals and organisations for permission to reproduce photographs:

(Key: b-bottom; c-centre; l-left; r-right; t-top)

ActionAid: 72t, 72cl, 72cr, 72b; **Alamy Images:** Allstar Picture Library 75b, 75bl, 75bc, 75br, Anton Art 50bl, Design Pics Inc. 48tc, Ian Canham 52tc, James Brunker 118c, Janine Wiedel Photolibrary 52tl, Jeff Greenberg 108tr, Moviestore collection Ltd 79cr, Paula Solloway 48bl, Robert Fried 28t, Steve Skjold 48tr, Victor Paul Borg 48tl, World Pictures 117, ZUMA Wire Service 108tl; **Alfredo Santa Cruz:** Alfredo Santa Cruz 75cl; **Bridgeman Art Library Ltd:** Giraudon 94; **Corbis:** Alison Wright 52tr, Ivan Mendez / epa 74t, James Sparshatt 116b, Jose Fuste Raga 116t, JUAN HERRERO 50tl, Ronnie Kaufman 62l, Tohru Minowa / amanaimages 85tl; **DK Images:** Andy Crawford 48bc, Dave King 102r; **elarbolcostarica@gmail.com:** 75cr; **Eleazar:** Eleazar 95; **Fotolia.com:** Alejandro dans 102bc, Eric Isselée 16bl; **Getty Images:** Ableimages 36tl, Alberto Pomares 98/tcc, 108br, Didier Messens 81, DOMINIQUE FAGET 74c, George Pimentel 78r, Getty Images 106t, JOHAN ORDONEZ 73, Judy Allan 38tr, LWA 36tc; **Pearson Education Ltd:** 60tc,Jon Barlow 30tc, 85, 125, Sophie Bluy 30cr, Gareth Boden 58tl, 63tr, Miguel Domínguez Muñoz 9t, 50t, 50bc, 58cr, 60tl, 60tr, 60bl, 60bc, 60br, 62c, 62br, 63tl, 63bl, 83c, 98/tcl, 98/tcr, 98tl, 98tc, 98tr, 98c, 98cl, 98cr, 98bl, 98bc, 98br, Handan Erek 50tr, 58tc, 58tr, 58c, 58cl, 58bl, 58bc, 58br, 118tr, 119t, 119tl, 119tr, 119l, 119cr, 119r, 119b, 119bl, Image Source 56t, Jules Selmes 39b, 74b, 86c, 86bl, 120, Matinee 53t, MindStudio 56b, 59, 102t, Photodisc 16cr, Studio 8 30br; **Press Association Images:** 39t; **Secretariat of Tourism, Buenos Aires:** 18tl; **Shutterstock.com:** Africa Studio 97tc, AGCuesta 118cl, akiyoko 118r, Alexandra Lande 18bl, Alfonso de Tomas 50br, Algecireño 85tr, Ana Vasileva 7tr, Andrea Slatter 13c, Andrey Shadrin 13bc, Andy Dean Photography 65, Archipoch Cover/C, Artur Bogacki 107, Ashiga 50cr, BestPhotoPlus 38tl, Beth Van Trees 129, Bikeriderlondon 30tr, Black Rock Digital 30c, bonchan 102tl, Callahan 48br, carroteater 100tl, Chad Zuber 53b, Chaikovsky Igor 34tc, ChameleonsEye 34tr, Chepe Nicoli 41, 124t, cinemafestival 15l, Condor 36 13cr, cosma 34tl, CREATISTA 56r, CROM 52c, 52b, David Castillo Dominici 13l, Deborah Kolb 100cl, Denis Kuvaev 36cl, digitalsport-photoagency 11b, Dionisvera 97tl, Dmitriy Shironosov 56l, Dragoness 16tc, EGD 34bc, El Nariz 38bl, Eric Isselée 7tc, 86tl, Cover/D, Featureflash 11t, 15cr, 15r, 18bc, 29b, 38r, 78l, 78c, 79r, Fedor Kondratenko 102tc, franco's photos 86tr, Galina Barskaya 36bl, Galushko Sergey 102tr, Goodluz 59/rc, 121t, GrigoryL 102br, Helga Esteb 78cl, holbox 82tl, iliuta goean 18b, inacio pires 97tr, Ivan Montero Martinez 27tr, Ivonne Wierink 106b, Jaroslaw Grudzinski 34br, Jason Stitt 13cl, Javarman 40b, 83r, 86tc, JCVStock 82bl, Jiri Vaclavek Cover/A, Johan_R 7tl, Johnny Lye 7bc, Jose AS Reyes 96bl, Jose Gil 118tl, JPagetRFphotos 16tl, juan carlos tinjaca 118b, Julija Sapic 13r, JuliusKielaitis 86bc, Junial Enterprises 16br, Jurra8 26, KarSol 97b, 102cl, kastianz 7bl, Kobby Dagan 29c, Konstantin Yolshin 16tr, Kostudio 13tr, KSM Photography 100, Kutlayev Dmitry 96bc, Lev Dolgachov 13tc, Lim Yong Hian Cover/B, Lipik 29t, Lisa F. Young 30cl, Liv friis-larsen 102, Luciano Mortula 96tl, Lutya 18r, marinomarini 100r, Mark Skalny 18tr, Max Topchii 13tl, Maxisport 28c, MJTH 30bl, Monkey Business Images 37, 56c, 56cl, 121b, Monkey Business Images 37, 56c, 56cl, 121b, muzsy 36cr, Nathalie Spellers Ufermann 118t, Neale Cousland 9b, 11bc, Neale Cousland 9b, 11bc, O. Bellini 102c, Olga Bogatyrenko 30bc, Pablo Cusine 75c, Pakmoor 82cr, Pecold 34bl, PeJo 102bl, Philip Lange 82br, Photok.dk 16bc, Photosindiacom, LLC 106cr, pirita 36tr, Piti Tan 38br, Prudkov 13bl, 13br, PT Images 106cl, rmnoa357 40r, Ron Van Elst 27tl, Rui Vale de Sousa 82tr, s_bukley 78cr, 79l, 79cl, Sergey Kelin 75t, SF Photo 38tc, .shock 36bc, 36br, sianc 124b, Sportgraphic 6l, 6c, 6r, 11tc, 15cl, Svetlana Lukienko 102cr, Szampera Krzysztof 118cr, Timothy Large 63br, Tonisalado 7br, Tupungato 82cl, 96tr, 96br, 241bl, Txanbelin 27tc, Vakhrushev Pavel 85br, Vasilly Koval 18t, Ververidis Vasilis 28b, Vinicius Tupinamba 96tc, wavebreakmedialtd 30tl, YanLev 36c, Yuri Arcurs 40l, 56cr; **Veer/Corbis:** Ccaetano 100c, Dmitrijs Dmitrijevs 86br, Karandaev 102b, Mind Storm 16c, Tomashko 16cl; **www.imagesource.com:** 18br

All other images © Pearson Education

Every effort has been made to contact copyright holders of material reproduced in this book. Any omissions will be rectified in subsequent printings if notice is given to the publishers.

¡CONTENIDOS!

¡MODULE 1! Mi vida 6

Unit 1 ¿Cómo te llamas? 8
Getting used to Spanish pronunciation
Introducing yourself

Unit 2 ¿Qué tipo de persona eres? 10
Talking about your personality
Using adjectives that end in **-o/-a**

Unit 3 ¿Tienes hermanos? 12
Talking about age, brothers and sisters
Using the verb **tener** (to have)

Unit 4 ¿Cuándo es tu cumpleaños? 14
Saying when your birthday is
Using numbers and the alphabet

Unit 5 ¿Tienes mascotas? 16
Talking about your pets
Making adjectives agree with nouns

Unit 6 WRITING SKILLS
Cómo soy… 18
Writing a text for a time capsule
Adding variety to your writing

Resumen 20

Prepárate 21

Gramática 22

Palabras 24

Zona Proyecto: Los animales 26
Finding out about endangered animals
Producing a set of animal cards to trade

¡MODULE 2! Mi tiempo libre 28

Unit 1 ¿Qué te gusta hacer? 30
Saying what you like to do
Giving opinions using **me gusta** + infinitive

Unit 2 ¿Cantas karaoke? 32
Saying what you do in your spare time
Using **-ar** verbs in the present tense

Unit 3 ¿Qué haces cuando llueve? 34
Talking about the weather
Using **cuando** (when)

Unit 4 ¿Qué deportes haces? 36
Saying what sports you do
Using **hacer** (to do) and **jugar** (to play)

Unit 5 READING SKILLS
¿Eres fanático? 38
Reading about someone's favourite things
Understanding more challenging texts

Unit 6 SPEAKING SKILLS
¿Qué haces en tu tiempo libre? 40
Taking part in a longer conversation
Using question words

Resumen 42

Prepárate 43

Gramática 44

Palabras 46

Zona Proyecto I: Navidad en España 48
Learning about Christmas in Spain
Writing an acrostic about Christmas

Zona Proyecto II: Los Reyes Magos 50
Learning about the Day of the Three Kings
Creating a Spanish Christmas calendar

¡MODULE 3! Mi insti 52

Unit 1 ¿Qué estudias? 54
Saying what subjects you study
Using **-ar** verbs to say what 'we' do

Unit 2 ¿Te gustan las ciencias? 56
Giving opinions about school subjects
Using **me gusta(n)** + **el/la/los/las**

Unit 3 ¿Qué hay en tu insti? 58
Describing your school
Using the correct words for 'a', 'some' and 'the'

Unit 4 Durante el recreo 60
Talking about break time
Using **-er** and **-ir** verbs

Unit 5 LISTENING SKILLS ¿Te gusta tu instituto? 62
Understanding details about schools
Using prediction as a listening strategy

Unit 6 WRITING SKILLS ¿Cómo es tu insti? 64
Writing a longer text about your school
Checking your written work is accurate

Resumen 66

Prepárate 67

Gramática 68

Palabras 70

Zona Proyecto: La educación 72
Reading about the right to education
Creating an action plan for a school in Guatemala

¡MODULE 4! Mi familia y mis amigos 74

Unit 1 ¿Cuántas personas hay en tu familia? 76
Describing your family
Using possessive adjectives

Unit 2 ¿De qué color tienes los ojos? 78
Describing your hair and eye colour
Using the verbs **ser** and **tener**

Unit 3 ¿Cómo es? 80
Saying what other people look like
Using verbs in the third person

Unit 4 ¿Cómo es tu casa o tu piso? 82
Describing where you live
Using the verb **estar** (to be)

Unit 5 READING SKILLS El carnaval en familia 84
Reading about the carnival in Cadiz
Looking up new Spanish words in a dictionary

Unit 6 SPEAKING SKILLS Autorretrato 86
Creating a video about yourself
Planning and giving a presentation

Resumen 88

Prepárate 89

Gramática 90

Palabras 92

Zona Proyecto: Las Meninas 94
Describing a painting
Recording an audio or video guide to a painting

¡MODULE 5! Mi ciudad 96

Unit 1 ¿Qué hay en tu ciudad? 98
Describing your town or village
Using 'a', 'some' and 'many' in Spanish

Unit 2 ¿Qué haces en la ciudad? 100
Telling the time
Using the verb **ir** (to go)

Unit 3 En la cafetería 102
Ordering in a café
Using the verb **querer** (to want)

Unit 4 ¿Qué vas a hacer? 104
Saying what you are going to do at the weekend
Using the near future tense

Unit 5 LISTENING SKILLS
¿Te gusta tu ciudad? 106
Understanding people describing their town
Listening for detail

Unit 6 WRITING SKILLS
Mi vida en La Habana 108
Writing a blog about your town and activities
Using two tenses together

Resumen 110

Prepárate 111

Gramática 112

Palabras 114

Zona Proyecto I: ¡Pasaporte fiesta! 116
Learning about Spanish festivals
Creating a brochure about a **fiesta**

Zona Proyecto II: El Día de los Muertos 118
Learning about **el Día de los Muertos**
Making a skull mask or paper flowers

Te toca a ti 120

Tabla de verbos 130

Minidiccionario 132

Instrucciones comunes 143

En clase 144

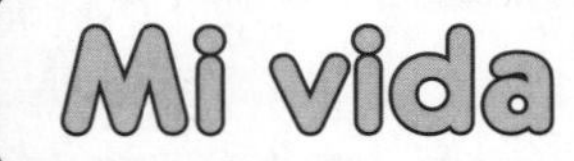

Look for Spanish words that are like English words. How many of the questions on these two pages can you answer?

1 España está en:

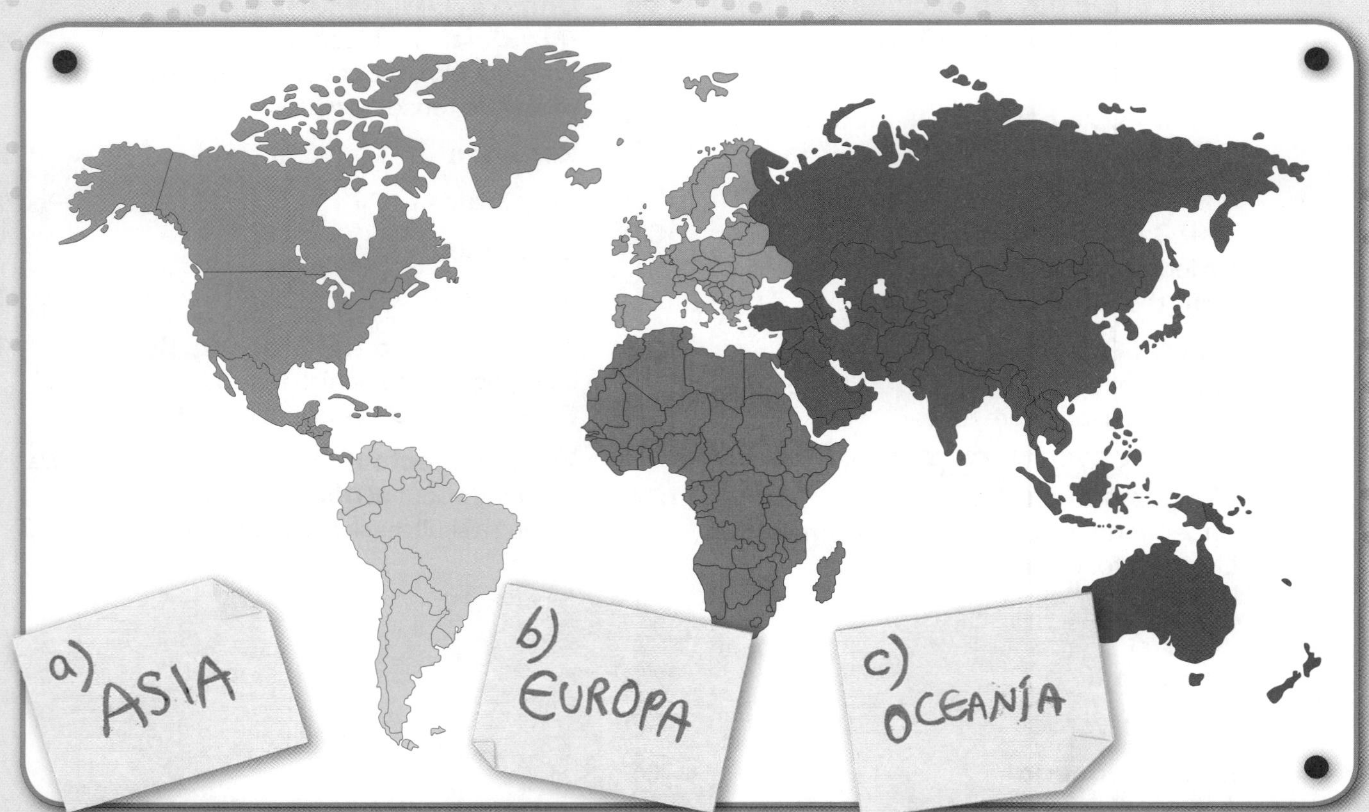

2 La bandera española es:

a

b

c

Did you know that one of the main industries in Spain is tourism? PortAventura is the most visited theme park in the country, near Tarragona.

3 ¿Qué futbolista es español?

a

Mesut Özil

b

David Villa

c

Karim Benzema

4 ¿En qué país de América del Sur no se habla español?

5 ¿Qué animal no vive en América del Sur?

6 ¿Qué es?

1
2
3

a El río Amazonas
b El desierto de Atacama en Chile
c La cordillera de los Andes

¿Cómo te llamas?

- Getting used to Spanish pronunciation
- Introducing yourself

1 Escucha, mira y haz los gestos. ESCUCHAR
Listen, watch and do the gestures.

panda

elefante

tigre

oso

búfalo

cebra

camello

gorila

hipopótamo

jirafa

vaca

zorro

Pronunciación

Learning how to pronounce different sounds in Spanish will help you to say new words correctly when you come across them. Look out for other Spanish sounds later in this module.

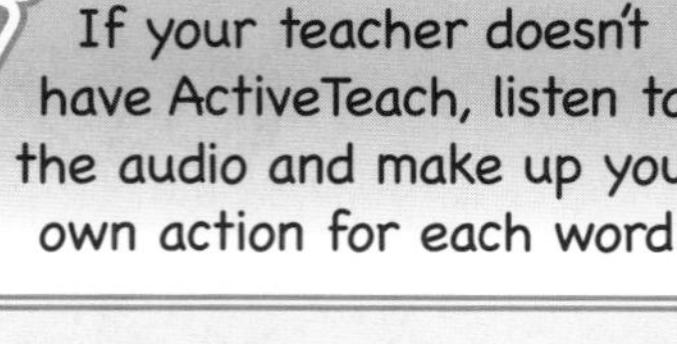
If your teacher doesn't have ActiveTeach, listen to the audio and make up your own action for each word.

2 Con tu compañero/a, una persona dice una palabra, la otra persona hace el gesto. HABLAR
With your partner, one person says a word, the other person does the gesture.

Ejemplo:
- **camello**
- **(Haz el gesto.)**
- **¡Sí!/No.**

Gramática

In Spanish, all nouns are either masculine (m) or feminine (f). There are four words in Spanish for 'the':

	singular	**plural**
masculine	**el tigre** (the tiger)	**los tigres** (the tigers)
feminine	**la jirafa** (the giraffe)	**las jirafas** (the giraffes)

>> p22

Zona Cultura

Here are some of the most popular names in Spain. How would you pronounce them?

Nombres de niño	**Nombres de niña**
Iván	Sofía
Jaime	Ana
Samuel	Julia
Alejandro	Claudia
Daniel	Irene
David	Ángela

3 Escribe el, la, los o las. ESCRIBIR
Write el, la, los or las.

1 ___ búfalo (m)
2 ___ cebra (f)
3 ___ camello**s** (m)
4 ___ vaca**s** (f)
5 ___ zorro (m)
6 ___ jirafa**s** (f)

Escucha y haz el rap.
Listen and do the rap.

¡Hola! ¿Qué tal?
Fenomenal.

¡Hola! ¿Qué tal?
Bien, gracias.

¡Hola! ¿Qué tal?
Regular.

¡Hola! ¿Qué tal?
Fatal. Fatal.

Escucha y lee.
Listen and read.

- **¡Hola! ¿Cómo te llamas?**
- Me llamo Javier.
- **¿Qué tal, Javier?**
- Bien, gracias.
- **¿Dónde vives?**
- Vivo en Valencia.
- **Adiós.**
- Hasta luego.

Gramática

Spanish verb endings change to show the person the verb refers to. Regular verbs work like this:

¿Cómo te llamas?	What are you called?
Me llamo…	I am called…
¿Dónde vives?	Where do you live?
Vivo en…	I live in…

>> p22

Con tu compañero/a, haz tres diálogos utilizando el diálogo del ejercicio 4 como modelo.
With your partner, make up three dialogues using the dialogue from exercise 4 as a model.

3 Jorge
Ibiza

4 ¿Y tú?

Elige tres famosos. Escribe dos frases para cada uno.
Choose three celebrities. Write two sentences for each person.

Ejemplo:
Me llamo Rafael Nadal.
Vivo en Mallorca.

MODULE 1
¡2!

¿Qué tipo de persona eres?

- Talking about your personality
- Using adjectives that end in **-o/-a**

1
ESCUCHAR

Escucha. ¿Quién habla? (1–9)
Listen. Who is talking?

¿Qué tipo de persona eres?

Ejemplo: **1** Antonio

Daniel
Soy sincero.

Antonio
Soy tímido.

Pablo
Soy tranquilo.

Miguel

Soy divertido.

Gabriel

Soy serio.

Claudia
Soy simpática.

Laura — Soy tonta.

Carmen
Soy lista.

Andrea
Soy generosa.

Gramática

Adjectives have masculine and feminine forms. Many adjectives end in -o or -a in the singular.

masculine	feminine
sincero	sincera
tímido	tímida
generoso	generosa
serio	seria
listo	lista
tonto	tonta
simpático	simpática
tranquilo	tranquila
divertido	divertida

>> p23

2
ESCRIBIR

Escribe estas frases correctamente. Traduce las frases al inglés.
Write out these sentences correctly. Translate the sentences into English.

1 Soy *dtiivdeor* y *áptimcios*.
2 Soy *sltia* y *ltraainuq*.
3 Soy *cseirno* y *ernoesgo*.
4 Soy *isaer* y *iamscpiát*.
5 No soy *ttaon*.
6 No soy *itíodm*.

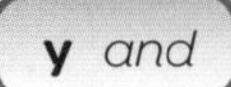
y and

3
ESCUCHAR

Escucha. Elige los adjetivos que entiendes y anota si es verdadero (V) o falso (F). (1–5)
Listen. Choose the adjectives you hear and note if it is true (V) or false (F).

Ejemplo: **1** b, c, V

	a	b	c
1	**a** sincero	**b** simpático	**c** generoso
2	**a** lista	**b** tímida	**c** divertida
3	**a** generoso	**b** serio	**c** listo
4	**a** sincera	**b** tranquila	**c** tonta
5	**a** tímido	**b** tonto	**c** tranquilo

4
HABLAR

¿Qué tipo de persona eres? Trabaja en un grupo de cuatro personas, haz cuatro diálogos.
What are you like? Work in a group of four, create four dialogues.

Ejemplo:

- ● **¿Qué tipo de persona eres?**
- ■ **Soy sincero/a.**
- ▲ **Sí, es verdad.**
- ◆ **¡No, no es verdad!**

Gramática

Ser (to be) is an important irregular verb.

soy	I am
eres	you are
es	he/she is

To make a sentence negative, put **no** before the verb.

No soy tímido.	I am **not** shy.
No es verdad.	It is **not** true.

>> p23

Lee los textos. Copia y completa la tabla.
Read the texts. Copy and complete the grid.

name	personality	passion	hero

Me llamo Ana. Vivo en Madrid. Soy seria y también sincera. Mi pasión es la música. Mi héroe es Shakira. ¡Es genial! Adiós.

¡Hola! Me llamo Sergio y vivo en Burgos. Soy tímido, pero no soy tonto. Mi pasión es el fútbol y mi héroe es Cesc Fàbregas. ¡Es estupendo! ¡Hasta luego!

¡Hola! ¿Qué tal? Me llamo Iker. Vivo en Torremolinos. Soy tranquilo y también generoso. Mi pasión es el tenis. Mi héroe es Rafael Nadal. ¡Es guay!

Hola! ¿Qué tal? Me llamo Pablo. Vivo en Barcelona. Soy simpático y también soy divertido.
Mi pasión es el deporte y mi héroe es Marc Gasol. ¡Es fenomenal!

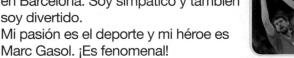

¡Es guay!	*He/she is cool.*
¡Es genial!	*He/she is great.*
¡Es estupendo!	*He/she is brilliant.*

SKILLS

Using connectives

You can make your sentences more interesting by using connectives:

- **y** and
- **también** also, too
- **pero** but

Look at the texts in exercise 5 and see how connectives are used.

Escucha. Copia y completa la ficha de identidad.
Listen. Copy and complete the ID card.

Nombre:
Carácter:
Pasión:
Héroe:

Pronunciación

In Spanish the stress in a word normally falls on the next to last syllable: pers**o**na, diverti**d**o, t**o**nto.

If the stress in a word falls somewhere else, there is an accent to show you which letter to stress.

carácter	ca-**rac**-ter
fútbol	**fut**-bol
héroe	**he**-ro-e

¿Qué tipo de persona eres? Haz un póster.
What sort of person are you? Make a poster.

Include:
- your name
- what you are like
- your passion and your hero.

¿Tienes hermanos?

- Talking about age, brothers and sisters
- Using the verb **tener** (to have)

Escucha. Hay <u>tres</u> números que no se mencionan. ¿Cuáles son?
Listen. There are <u>three</u> numbers that are not mentioned. Which are they?

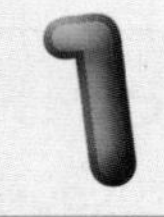
uno

dos

tres

cuatro

cinco

seis

siete

ocho

nueve

diez
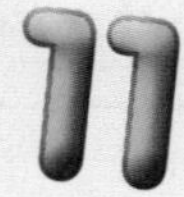
once
12
doce
13
trece
14
catorce

quince

Gramática

Tener (to have) is an irregular verb.

tengo	I have
tienes	you have
tiene	he/she has

When you give your age in English, you say: 'I am twelve.' In Spanish, you say: Tengo doce años. What does this mean, literally?

>> p23

Escucha. Pon los dibujos en el orden correcto. (1–6)
Listen. Put the drawings in the correct order.

Ejemplo: c, ...

¿Cuántos años tienes?
Tengo... años.

a Marcos

b Carlos

c Pablo

d Andrea

e Nuria

f Inés

Con tu compañero/a, pregunta y contesta por las personas del ejercicio 2.
With your partner, ask and answer for the people in exercise 2.

Ejemplo:
- **¿Cómo te llamas?**
- **Me llamo <u>Pablo</u>.**
- **¿Cuántos años tienes?**
- **Tengo <u>quince</u> años.**

Pronunciación

n in Spanish is pronounced like an English 'n': u**n**o, o**n**ce.

But **ñ** is pronounced 'ny: a**ñ**os.

¿Qué números faltan?
Which numbers are missing?

1 dos, cuatro, ___, ocho, ___, doce, ___
2 uno, ___, cinco, ___, nueve, ___, trece
3 quince, ___, nueve, ___, tres
4 catorce, ___, diez, ___, seis, ___

5 Escucha y escribe la letra correcta. (1–8)
Listen and write the correct letter.

Ejemplo: **1** a

¿Tienes hermanos?

a Tengo un hermano.

b Tengo una hermana.

c Tengo un hermanastro.

d Tengo una hermanastra.

e Tengo dos hermanos.

f Tengo un hermano y dos hermanas.

g No tengo hermanos. Soy hijo único.

h No tengo hermanos. Soy hija única.

Gramática

In Spanish, the word 'a' changes, depending on whether a noun is masculine or feminine. The words for 'a' in Spanish are:

masculine	feminine
un hermano	**una** hermana
a brother	**a** sister

>> p22

Hermanastro means either half-brother or stepbrother. **Hermanastra** means either half-sister or stepsister.

6 Haz un sondeo en tu clase. Pregunta a <u>diez</u> personas.
Carry out a survey in your class. Ask <u>ten</u> people.

- ¿Tienes hermanos?
- Sí, tengo.../No, no tengo hermanos. Soy...

7 Lee los textos y completa las frases.
Read the texts and complete the sentences.

Me llamo Óscar y vivo en Quito, en Ecuador. Tengo trece años. Tengo dos hermanas y un hermanastro.

Me llamo Hugo y vivo en Montevideo, en Uruguay. Tengo doce años. No tengo hermanos. Soy hijo único.

Me llamo Carmen y vivo en Santiago de Chile. Tengo catorce años. Tengo dos hermanos y una hermana.

1. ____ lives in Ecuador.
2. Carmen lives in ____.
3. ____ is twelve years old.
4. Carmen has two ____ and one ____.
5. ____ has no brothers or sisters.
6. Óscar has two ____ and one ____.

¿Cuándo es tu cumpleaños?

- Saying when your birthday is
- Using numbers and the alphabet

1 Mira el póster. Pon los meses en el orden correcto.
Look at the poster. Put the months into the correct order.

Pronunciación

Do you remember how to pronounce **j** and **z** in Spanish? Look back at p.8.

The letters **b** and **v** are pronounced the same in Spanish. They are both pronounced as **b**. Put your lips together when you say **v**.

2 Con tu compañero/a, lee los meses en voz alta, en el orden correcto.
With your partner, read the months out loud, in the correct order.

3 Completa los números.
Complete the numbers.

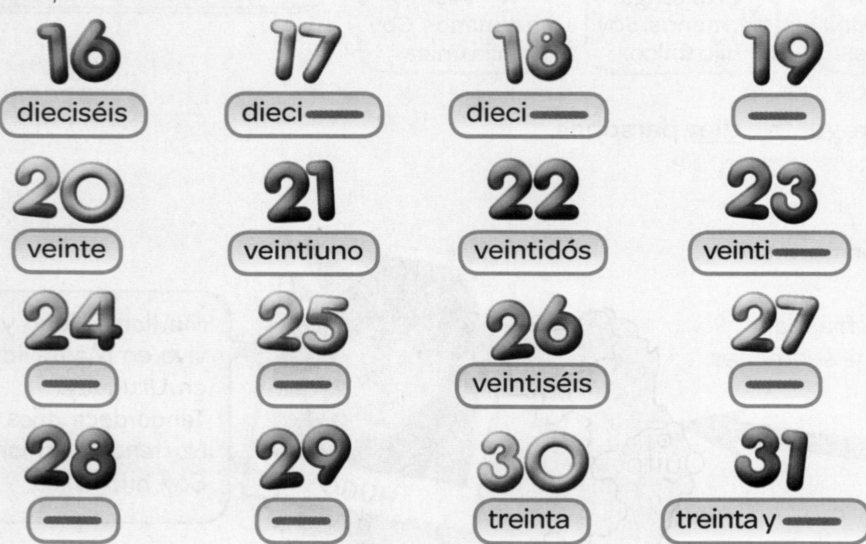

Look at the pattern! Use your knowledge of the numbers one to ten, to help you complete the numbers.

4 Escucha y comprueba tus respuestas.
Listen and check your answers.

5 Escucha. Copia y completa los cumpleaños. (1–6)
Listen. Copy and complete the birthdays.

1 27th ——
2 24th ——
3 —— March
4 —— August
5 —— ——
6 —— ——

¿Cuándo es tu cumpleaños?
Mi cumpleaños es el (veinte) de (mayo).

What do you think this saying is about? What is the equivalent in English?

Treinta días tiene noviembre,
con abril, junio y septiembre.
Veintiocho sólo uno
y los demás, treinta y uno.

Con tu compañero/a, pregunta y contesta.
With your partner, ask and answer questions.

Ejemplo:
- **¿Cómo te llamas?**
- Me llamo Penélope.
- **¿Cuándo es tu cumpleaños?**
- Mi cumpleaños es el veintiocho de abril.

mi *my*
tu *your*

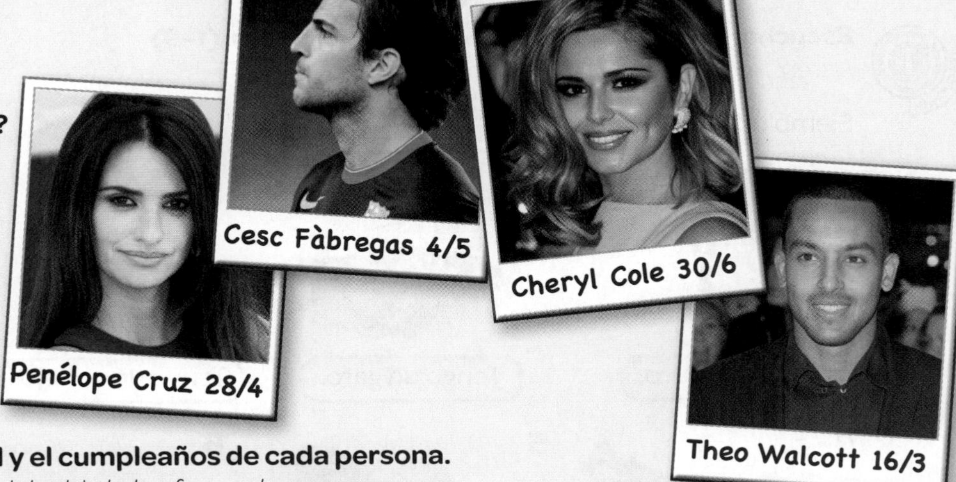

Lee los textos. Escribe la edad y el cumpleaños de cada persona.
Read the texts. Write the age and the birthday for each person.

a ¡Hola! Me llamo Marta y vivo en Sevilla. Tengo doce años. Mi cumpleaños es el veinticinco de diciembre, ¡el día de Navidad!

b ¡Hola! Me llamo Javi. Tengo trece años y mi cumpleaños es el diecinueve de septiembre. Mi pasión es el deporte. Hasta luego.

c ¡Hola! ¿Qué tal? Me llamo Irene y tengo catorce años. Soy bastante divertida. Mi cumpleaños es el catorce de febrero, el día de San Valentín.

Escucha y canta la canción del alfabeto.
Listen and sing the alphabet song.

A ah B beh C theh D deh E eh F efeh G heh, H acheh I ee J hota
K kah L eleh M emeh N eneh Ñ enyeh, O oh P peh Q koo R ereh S eseh
T teh U oo V ooveh W ooveh dobleh, X ekis Y ee gri-ehga Z theta
Z es la última letra. Canto el alfabeto.

¿Cómo se escribe? Escucha y escribe los nombres. (1–6)
How do you spell that? Listen and write down the names.

Ejemplo: **1** Alejandro

¿Cómo se escribe?
Se escribe...

Haz una presentación.
Give a presentation.

- Say hello.
- Give your name and spell it. (**Me llamo... Se escribe...**)
- Say how old you are and when your birthday is. (**Tengo... años. Mi cumpleaños es el... de...**)
- Give one other piece of information about yourself. (e.g. where you live, brothers and sisters, what sort of person you are)
- Say goodbye.

¿Tienes mascotas?

- Talking about your pets
- Making adjectives agree with nouns

Escucha. Pon las mascotas en el orden correcto. (1–9)
Listen. Put the pets in the correct order.

Ejemplo: **2**, ...

¿Tienes mascotas?

1

Tengo un perro.

2

Tengo un gato.

3

Tengo un conejo.

4

Tengo un caballo.

5

Tengo un pez.

6

Tengo un ratón.

7

Tengo una serpiente.

8

Tengo una cobaya.

9

No tengo mascotas.

Pronunciación

r and **rr** are different sounds in Spanish.

r Touch your tongue behind your front teeth to get a Spanish **r**.

rr Sounds like an engine revving – put your tongue just behind your front teeth and growl like a dog!

Con tu compañero/a, haz cálculos con los números del ejercicio 1.
With your partner, make up sums with the numbers from exercise 1.

Ejemplo:
- ● **Un perro más un gato... (1+2)**
- ■ **¡Igual a un conejo! (=3)**

más	*plus*
menos	*minus*
igual a	*equals*

Escucha. Copia y completa la tabla. (1–5)
Listen. Copy and complete the grid.

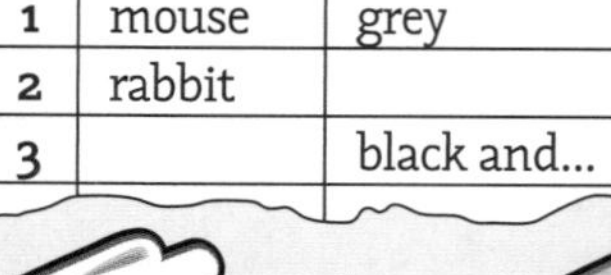

	animal	colour
1	mouse	grey
2	rabbit	
3		black and...

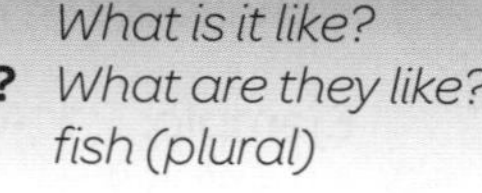

¿Cómo es?	*What is it like?*
¿Cómo son?	*What are they like?*
los peces	*fish (plural)*

blanco

amarillo

negro

rojo

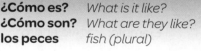

verde

gris

marrón

azul

rosa

naranja

Con tu compañero/a, juega a las tres en raya.

With your partner, play noughts and crosses.

● ¿Tienes mascotas?
■ Sí. Tengo... /No. No tengo...

Gramática

Adjectives have masculine and feminine forms, and singular and plural forms.

If an adjective ends in **-o** in the masculine form, it changes to **-a** in the feminine form. If it ends with any other letter than **-o**, it stays the same.

singular		plural	
masculine	feminine	masculine	feminine
amarillo	amarilla	amarillos	amarillas
blanco	blanca	blancos	blancas
verde	verde	verdes	verdes
azul	azul	azules	azules

>> p22

que se llama	*who is called*
que se llaman	*who are called*
las patas	*feet, paws*

¿Verdadero o falso? Escribe V o F.

True or false? Write V or F.

Tengo un hámster que se llama Pepe. Es marrón y blanco.
Es un poco tonto y no es muy tranquilo, pero es muy, muy divertido.

Jorge

Tengo una cobaya que se llama Coco. Es blanca. Es muy divertida, pero bastante tímida. Es muy lista también.

Aitor

Tengo dos gecos que se llaman Ping y Pong. Son amarillos y verdes. Son bastante tímidos y bastante tranquilos. Son estupendos.

Marta

Tengo una tortuga que se llama Lechuga. Es una tortuga de patas rojas. Es amarilla y negra y tiene patas rojas. Tiene veinte años. Sí, sí, ¡es verdad! Es genial.

Nuria

1. Jorge's hamster is black and white.
2. Marta's geckos are yellow and green.
3. Aitor has a white mouse.
4. Nuria's tortoise has yellow feet.
5. Jorge's hamster is not very calm.
6. Marta's geckos are quite shy.
7. Coco is very funny.
8. Nuria's tortoise is 30 years old.

SKILLS

Using intensifiers

You can use intensifiers to make sentences more interesting. How many can you find in the texts above?

- **muy** very
- **un poco** a bit
- **bastante** quite

Eres un/a fanático/a de los animales. Tienes muchas mascotas. Descríbelas.

You are animal crazy. You have many pets. Describe them.

Soy un/a fanático/a de los animales. Tengo trece peces amarillos y azules...

Cómo soy...

- Writing a text for a time capsule
- Adding variety to your writing

WRITING SKILLS

1 ESCUCHAR

Escucha y lee el mensaje que escribe Antonio para su cápsula del tiempo.
Listen and read the message Antonio writes for his time capsule.

Argentina, el uno de enero, 2015

¡Hola! ¿Qué tal? Me llamo Antonio y vivo en Argentina, en Buenos Aires. Tengo trece años y mi cumpleaños es el quince de mayo.

Soy bastante sincero. También soy generoso, pero no soy tímido. Tengo una hermana que se llama Rosa. Tiene catorce años. En mi opinión, es un poco tonta.

Tengo un ratón y dos peces. Mi ratón es blanco y muy divertido. Mis peces son azules y amarillos y son estupendos, pero no son muy listos. Mi color favorito es el amarillo.

Mi pasión es el rugby y mi héroe es Felipe Contepomi. ¡Es genial! Mi cantante favorita es Beyoncé porque es fenomenal. Mi programa favorito es 'Factor X'.

¿Y tú? ¿Qué tipo de persona eres?
¿Tienes mascotas?
¿Tienes hermanos?
¿Cuándo es tu cumpleaños?

2 LEER

Lee el mensaje otra vez. Pon las fotos en el orden correcto según el texto.
Read the message again. Put the photos into the order of the text.

Ejemplo: e, ...

a 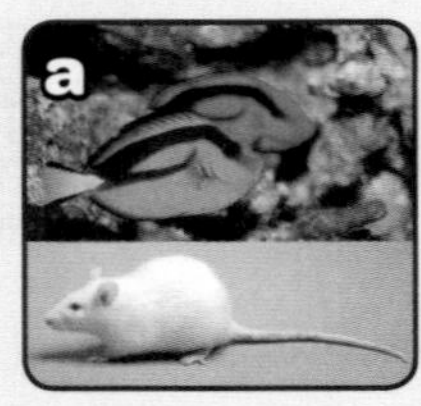

b 

c 

d 

e 

f MAYO

Lunes	Martes	Miércoles	Jueves	
		1	2	3
6	7	8	9	1
13	14	15	16	1

Eres Antonio. Contesta a estas preguntas en español.
You are Antonio. Answer these questions in Spanish.

1. ¿Cómo te llamas?
2. ¿Dónde vives?
3. ¿Cuántos años tienes?
4. ¿Cuándo es tu cumpleaños?
5. ¿Qué tipo de persona eres?
6. ¿Tienes hermanos?
7. ¿Tienes mascotas?
8. ¿Cuál es tu programa favorito?

mi cantante favorito
masculine
mi cantante favorita
feminine

¿cuál? *what/which?*

SKILLS

Making your writing interesting

Look at how Antonio makes his message interesting. He uses:

- connectives – **y, pero, también**
- intensifiers – **muy, bastante, un poco**
- verbs: to talk about himself and others – **soy, tengo, vivo, es, son**
- adjectives: to describe himself and others – **soy bastante sincero, es tonta**
- negatives – **no soy tímido**

¿Y tú? Con tu compañero/a, haz un diálogo. Utiliza las preguntas y las respuestas del ejercicio 3 como modelo.
And you? With your partner, create a dialogue. Use the questions and answers from exercise 3 as a model.

Escribe tu mensaje para una cápsula del tiempo.
Write your message for a time capsule.

Use Antonio's message as a model.

- Say what your name is and where you live.
- Say how old you are and when your birthday is.
- Say what kind of person you are.
- Say whether you have brothers and sisters and what they are like.
- Say whether you have pets and describe them.
- List a few of your favourite things.

Add interest to your writing by using:

- connectives and intensifiers
- a range of verbs and adjectives
- a negative.

SKILLS

Palabras muy frecuentes – High-frequency words

High-frequency words are ones that you will meet and need to use often, so make sure you know them. Create your own dictionary of high-frequency words.

- **tengo.../no tengo...** I have/I haven't
- **soy.../no soy...** I am/I am not
- **y** and
- **pero** but
- **también** also, too
- **muy** very
- **bastante** quite
- **un poco** a little

Lee el mensaje de tu compañero/a y comprueba el uso de:
Read your partner's message and check their use of:

- connectives (**y, pero, también**)
- intensifiers (**muy, bastante, un poco**)
- verbs (e.g. **me llamo, soy, tengo, vivo, es, son**)
- adjectives (e.g. **generoso/generosa, serio/seria**)
- negatives (e.g. **no soy/no es**)

Comenta el trabajo de tu compañero/a. *Comment on your partner's work.*

☆☆☆ = ¡Estupendo! ¡Fenomenal! ☆☆ = ¡Bravo! Buen trabajo. ☆ = ¡Vaya! Tienes que mejorar tu trabajo.

● say hello and goodbye	**¡Hola! Adiós.**
● ask questions	**¿Cómo te llamas? ¿Dónde vives?**
● say what I am called	**Me llamo...**
● say where I live	**Vivo en...**
● ask someone how they are and say how I am	**¿Qué tal? fenomenal, bien, regular, fatal**
■ use **el**, **la**, **los** and **las** correctly	**el búfalo, la jirafa, los zorros, las vacas**
S use phonics to help me pronounce words	**tigre, camello, jirafa**

● ask someone what they are like	**¿Qué tipo de persona eres?**
● say what I am like	**Soy generoso/a y sincero/a.**
● say what my passion is and who my hero is	**Mi pasión es el deporte. Mi héroe es Marc Gasol.**
■ use the verb **ser** (to be)	**soy, eres, es**
■ make adjectives agree	**Soy listo. Soy lista.**
S use connectives	**y, también, pero**

● count up to 15	**uno, dos, tres... quince**
● ask someone their age and say my age	**¿Cuántos años tienes? Tengo doce años.**
● ask someone if they have any brothers or sisters	**¿Tienes hermanos?**
● say whether I have brothers and sisters	**Tengo dos hermanos. Soy hijo único.**
■ use the verb **tener** (to have)	**tengo, tienes, tiene**

● count up to 31	**dieciséis, diecisiete... treinta, treinta y uno**
● ask someone when their birthday is	**¿Cuándo es tu cumpleaños?**
● say when my birthday is	**Mi cumpleaños es el veintisiete de mayo.**
● say the Spanish alphabet	**(A) ah, (B) beh, (C) theh...**
● ask and say how to spell words	**¿Cómo se escribe? Se escribe...**

● ask someone whether they have a pet and say what pet I have	**¿Tienes animales? Tengo un perro. Tengo un gato.**
● say what colour my pet is	**Es negro. Es marrón.**
● describe my pet	**Es muy tranquilo. Es un poco tímido.**
● use adjectives correctly	**un gato blanco, una cobaya blanca, dos gatos blancos, dos cobayas blancas**
S use intensifiers	**muy, un poco, bastante**

S add variety to my writing, by using:	
– connectives and intensifiers	**y, pero, muy, un poco**
– different verb forms	**soy, tengo, vivo, es, tienes**
– adjectives	**sincero/a, generoso/a**
S assess my own and my partner's written work	**¡Bravo! Buen trabajo.**

Escucha. Copia y completa la tabla. (1–4)
Listen. Copy and complete the grid.

1 Antonio **2** Lucía **3** Marcos **4** Alba

	age	birthday
Antonio	16	9/10

11
12
15
16

22/6
18/11
30/8
9/10

Con tu compañero/a, pregunta y contesta.
With your partner, ask and answer questions.

Ejemplo:
● **¿Tienes mascotas?**
■ **Sí, tengo un caballo y una cobaya.**

Lee los textos y completa las frases en inglés.
Read the texts and complete the sentences in English.

a

Me llamo Carlos y vivo en Granada. Soy divertido y bastante simpático. No soy muy tranquilo. Mi pasión es el fútbol. Tengo un hermano. Se llama Rodrigo. No es muy serio.

b

¡Hola! Me llamo Carmen y vivo en Granada. Soy sincera y bastante generosa. No soy muy tranquila. Tengo dos hermanas. Se llaman Juana y Catalina. Juana es muy lista, pero Catalina es un poco tonta. ¿Y tú? ¿Qué tipo de persona eres?

1 Carlos is funny and quite ——.
2 His passion is ——.
3 His —— is called Rodrigo.
4 Carmen is not very ——.
5 Her —— are called Juana and Catalina.
6 Juana is very —— but Catalina is a bit ——.

¿Cómo eres? Escribe un texto. Menciona:
What are you like? Write a text. Mention:

- Your name (**Me llamo…**)
- Where you live (**Vivo en…**)
- Your age (**Tengo… años.**)
- Whether you have any brothers or sisters (**Tengo/No tengo…**)
- What sort of a person you are (**Soy…**)

Can you add another piece of information about yourself? E.g. your birthday, or your pets?

The indefinite article

In Spanish, the words for 'a' change according to whether the noun is masculine or feminine.

masculine	**un** perro	a dog
feminine	**una** tortuga	a tortoise

1 Copy the sentences and put in the correct word for 'a'.

1 Tengo ____ gato. (m)
2 ¿Tienes ____ cobaya? (f)
3 Tengo ____ hermana. (f)
4 ¿Tienes ____ pez? (m)
5 Tengo ____ hermanastro. (m)
6 Tiene ____ serpiente. (f)

The definite article

The Spanish word for 'the' also changes according to the gender of the noun and whether it is singular or plural.

	singular	**plural**
masculine	**el** conejo (the rabbit)	**los** conejo**s** (the rabbits)
feminine	**la** cobaya (the guinea pig)	**las** cobaya**s** (the guinea pigs)

2 Choose the correct article each time.

1 **El/La/Los/Las** gato es negro.

2 **El/La/Los/Las** cobaya es tímida.

3 **El/La/Los/Las** peces son rojos.

4 **El/La/Los/Las** caballos son blancos.

5 **El/La/Los/Las** perro es tonto.

6 **El/La/Los/Las** serpiente es verde.

Regular verbs

Regular verbs follow a pattern.

habl**ar**	to speak	viv**ir**	to live
habl**o**	I speak	viv**o**	I live
habl**as**	you speak	viv**es**	you live
habl**a**	he/she speaks	viv**e**	he/she lives

3 Decode these verbs, then translate them into English.

1 •#•$
2 *=%&=?
3 •#•+
4 *=%&$
5 •#•+?
6 *=%&=

Key		
= **a**	$ **o**	& **l**
+ **e**	% **b**	? **s**
# **i**	* **h**	• **v**

Irregular verbs

Some verbs are irregular. They don't follow a pattern. Here are two that you will meet a lot.

ser	to be	**tener**	to have
soy	I am	**tengo**	I have
eres	you are	**tienes**	you have
es	he/she is	**tiene**	he/she has

4 Unjumble the verb forms. Translate the sentences into English.

1 *oSy* simpático.
2 *sEer* tranquila.
3 *sE* sincero y generoso.
4 *gnoeT* dos hermanas, pero no tengo animales.
5 ¿*Tiseen* hermanos?
6 *eTnie* tres ratones y un perro.

5 Translate these sentences into Spanish.

1 I am sincere. (m)
2 He is nice.
3 You are generous. (f)
4 I have a rabbit.
5 Do you have pets?
6 She has a snake.

Adjectives

Adjectives describe nouns. There are three main groups of adjectives:

- ending in **-o** or **-a**
- ending in **-e**
- ending in a consonant

Their endings change to agree with the noun, like this:

singular		**plural**	
masculine	**feminine**	**masculine**	**feminine**
sincer**o** verd**e** azul	sincer**a** verd**e** azul	sincer**os** verd**es** azul**es**	sincer**as** verd**es** azul**es**

6 Translate these sentences into Spanish.

Example: **1** Es seria y sincera.

1 Es... (serious and sincere).
2 Es... (clever and shy).
3 Es... (calm and generous).
4 Es... (nice and funny).

Making verbs negative

To make a sentence or a question negative, put **no** before the verb.

No tengo veinte años. — I am **not** 20 years old.
Mi hermano **no** vive en Madrid. — My brother does **not** live in Madrid.

7 Make these sentences negative.

1 Soy seria.
2 Vivo en Sevilla.
3 Mi hermano es tonto.
4 Mi hermanastra es divertida.

Saludos Greetings

¡Hola!	Hello!	**¿Cómo te llamas?**	What are you called?
¿Qué tal?	How are you?	**Me llamo…**	I am called…
Bien, gracias.	Fine, thanks.	**¿Dónde vives?**	Where do you live?
fenomenal	great	**Vivo en…**	I live in…
regular	not bad	**¡Hasta luego!**	See you later!
fatal	awful	**¡Adiós!**	Goodbye!

¿Qué tipo de persona eres? What sort of person are you?

Soy…	I am…	**listo/a**	clever
divertido/a	amusing	**serio/a**	serious
estupendo/a	brilliant	**simpático/a**	nice, kind
fenomenal	fantastic	**sincero/a**	sincere
generoso/a	generous	**tímido/a**	shy
genial	great	**tonto/a**	silly
guay	cool	**tranquilo/a**	quiet, calm

Mi pasión My passion

Mi pasión es…	My passion is…	**el fútbol**	football
Mi héroe es…	My hero is…	**la música**	music
el deporte	sport	**el tenis**	tennis

¿Tienes hermanos? Do you have any brothers or sisters?

Tengo…	I have…	**un hermanastro**	a half- brother/stepbrother
una hermana	a sister	**No tengo hermanos.**	I don't have any brothers or sisters.
un hermano	a brother		
una hermanastra	a half-sister/stepsister	**Soy hijo único/hija única.**	I am an only child. (male/ female)

Los números 1 – 31 Numbers 1 – 31

uno	1	**diecisiete**	17
dos	2	**dieciocho**	18
tres	3	**diecinueve**	19
cuatro	4	**veinte**	20
cinco	5	**veintiuno**	21
seis	6	**veintidós**	22
siete	7	**veintitrés**	23
ocho	8	**veinticuatro**	24
nueve	9	**veinticinco**	25
diez	10	**veintiséis**	26
once	11	**veintisiete**	27
doce	12	**veintiocho**	28
trece	13	**veintinueve**	29
catorce	14	**treinta**	30
quince	15	**treinta y uno**	31
dieciséis	16		

¿Cuántos años tienes? How old are you?

Tengo… años.	I am… years old.
¿Cuándo es tu cumpleaños?	When is your birthday?
Mi cumpleaños es el… de…	My birthday is the… of…
enero	January
febrero	February
marzo	March
abril	April
mayo	May
junio	June
julio	July
agosto	August
septiembre	September
octubre	October
noviembre	November
diciembre	December

¿Tienes mascotas? Do you have pets?

Tengo…	I have…
un caballo	a horse
una cobaya	a guinea pig
un conejo	a rabbit
un gato	a cat
un perro	a dog
un pez	a fish
un ratón	a mouse
una serpiente	a snake
No tengo mascotas.	I don't have any pets.
¿Cómo es?	What is it like?
¿Cómo son?	What are they like?

Los colores Colours

blanco/a	white
amarillo/a	yellow
negro/a	black
rojo/a	red
verde	green
gris	grey
marrón	brown
azul	blue
rosa	pink
naranja	orange

Palabras muy frecuentes High-frequency words

bastante	quite
no	no/not
mi/mis	my
muy	very
pero	but
también	also, too
tu/tus	your
un poco	a bit
y	and

Estrategia 1

Look, say, cover, write, check

Use the five steps below to learn how to spell any word.

1 *LOOK* Look carefully at the word for at least 10 seconds.
2 *SAY* Say the word to yourself or out loud to practise pronunciation.
3 *COVER* Cover up the word when you feel you have learned it.
4 *WRITE* Write the word from memory.
5 *CHECK* Check your word against the original. Did you get it right? If not, what did you get wrong? Spend time learning that bit of the word. Go through the steps again until you get it right.

- Finding out about endangered animals
- Producing a set of animal cards to trade

Empareja las palabras con las definiciones.
Match the words to the definitions.

1	omnívoro	a	birds
2	solitario	b	carnivorous (eats meat)
3	silencioso	c	dangerous
4	insectos	d	omnivorous (eats all sorts of things)
5	anfibios	f	amphibians (animals such as frogs and toads)
6	aves	g	herbivorous (eat plants)
7	feroz	h	solitary (lives alone)
8	carnívoro	i	silent
9	peligroso	j	insects
10	herbívoro	k	ferocious

SKILLS

Saying new words

In order to say the new words correctly, think about the rules of Spanish pronunciation that you know.

Escucha y lee. Rellena los espacios en blanco con las palabras del cuadro.
Listen and read. Fill in the gaps with words from the box.

El búho real

El búho real vive en **1** ____ y Asia. Es silencioso y **2** ____. Come insectos, **3** ____, anfibios, peces **4** ____ aves. Es marrón y **5** ____. Vive aproximadamente **6** ____ años.

come *it eats*

omnívoro
negro
veinte
Europa
y
reptiles

Lee el texto otra vez y completa las frases en inglés.
Read the text again and complete the sentences in English.

1 The eagle owl lives in...
2 It eats...
3 Its colours are...
4 It lives for...

Here is a Spanish tongue twister – it's about sad tigers eating wheat, in a wheat field! Practise it with a partner.

Tres tristes tigres trigaban trigo en un trigal.

Lee las cartas. Contesta a las preguntas en inglés.
Read the cards. Answer the questions in English.

pardo	*grey-brown*
entre	*between*
las motas	*flecks*

LOS ANIMALES EN PELIGRO DE EXTINCIÓN

El oso pardo

Vive en: España
Color: marrón o pardo
Características: Es enorme y muy listo. Es solitario y también muy peligroso.
Dieta: Es omnívoro.
Vive: aproximadamente veinticinco años

El lobo ibérico

Vive en: España y Portugal
Color: gris o pardo
Características: Vive en un grupo social con su familia. Es bastante peligroso.
Dieta: Es carnívoro.
Vive: entre siete y diez años

El lince ibérico

Vive en: España y Portugal
Color: pardo o gris y tiene motas negras
Características: Es solitario, silencioso y territorial.
Dieta: conejos
Vive: entre doce y trece años

1 Which animal is described as clever?
2 Which animal doesn't live alone?
3 Which animal guards its territory?
4 Which animal has black flecks?
5 Which two animals are dangerous?
6 Which animal lives the longest?

Haz unas cartas. Elige cinco animales. Busca información. Dibuja las cartas.
Make some cards. Choose five animals. Look for information. Illustrate the cards.

1. Research your chosen animal. Where does it live? What does it eat? What is it like? How long does it live?
2. Choose the Spanish words you need to write about your animal. Try to use words you have already learnt.
3. If you need to look up a new word, make sure you choose the right one (check it on the Spanish-English side of the dictionary).
4. Check whether your animal is masculine or feminine. Make sure you use the right word for 'the' and the correct endings for adjectives.
5. Illustrate your cards. Download pictures or draw your own.

Con tus compañeros/as, intercambia las cartas.
With your partners, swap cards.

● **¿Qué animales tienes?**
■ **Tengo el/la… y el/la…**
● **¿Y tú? ¿Qué tienes?**
▲ **Tengo el/la… y el/la…**
● **¿Quieres cambiar el/la… por el/la…?**
▲ **De acuerdo.**

¿Quieres cambiar… por…?	*Do you want to trade… for… ?*
De acuerdo	*O.K.*

Mi tiempo libre

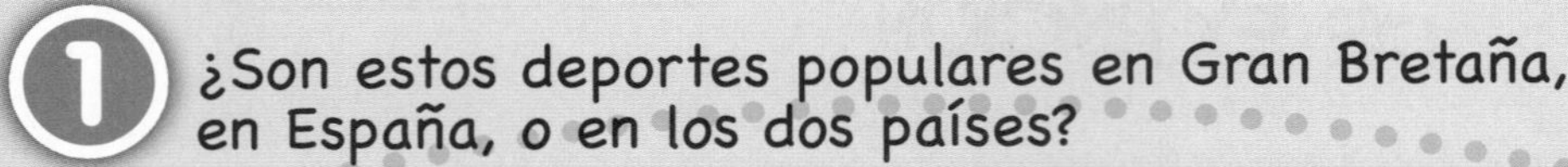

1 ¿Son estos deportes populares en Gran Bretaña, en España, o en los dos países?

a el críquet
b la pelota vasca
c el ciclismo
d el tenis

2 ¿Qué equipo de fútbol **no** es español?

a el Barça
b el Benfica
c el Real Madrid

3 ¿Cuál de estos deportistas **no** es de un país donde se habla español?

a Lionel Messi

b Usain Bolt

c María de Villota

Did you know that on the Mediterranean coast in Spain, the sun shines for 300 days of the year?
So outdoor sports such as golf, cycling and kite surfing are very popular there.
The northern climate is very different, though, and Spain is the second most mountainous country in Europe. There are 35 Spanish ski resorts!

4 Este estilo de baile se llama:

a flamenco
b salsa
c son

...y se baila en...

a México.
b España.
c Cuba.

5 Este estilo de baile se llama:

a tango
b salsa
c rumba

...y se baila en...

a México.
b Chile.
c Argentina.

6 ¿Qué cantante es de Colombia?

a J-Lo
b Christina Aguilera
c Shakira

Many Spanish youngsters like reading the 'Manolito Gafotas' books. The books have inspired two feature films and a TV show.

¿Qué te gusta hacer?

- Saying what you like to do
- Giving opinions using **me gusta** + infinitive

Escucha y escribe el nombre correcto. (1–9)

Ejemplo: **1** Nuria

¿Qué te gusta **hacer**?

Martina

Me gusta **navegar** por Internet.

Antonio

Me gusta **chatear**.

Nuria

Me gusta **escuchar** música.

Javier

Me gusta **jugar** a los videojuegos.

Laura

Me gusta **mandar** SMS.

Lucas

Me gusta **ver** la televisión.

Sofía

Me gusta **leer**.

David

Me gusta **escribir** correos.

Alba

Me gusta **salir** con mis amigos.

Gramática

The infinitive is the form of the verb you find in the dictionary or word list. It often translates as 'to do something'.

escuchar *v* to listen

In Spanish, all infinitives end in -ar, -er or -ir. How many of each group can you find in exercise 1?

When me gusta is followed by another verb, that verb must be in the infinitive.

Me gusta **escuchar** música.
I like **to listen/listening** to music.

>> p44

Pronunciación

Do you remember how to pronounce the **j** in **j**ugar and video**j**uegos? Look back at p. 8.

Con tu compañero/a, juega.
Haz una raya horizontal o vertical.
With your partner, play the game.
Make a horizontal or a vertical line.

Ejemplo:
- **¿Qué te gusta hacer?**
- **Me gusta escuchar música.**

Escribe estas frases. Traduce las frases al inglés.

Ejemplo: **1** Me gusta navegar por Internet. I like surfing the net.

1 Mgnpi **2** Mgc **3** Mgem **4** Mgjalv **5** Mgscma **6** Mgvlt

Escucha y escribe la opinión, la actividad y la razón. (1–5)

Listen and write the opinion, the activity and the reason.

Ejemplo: **1** ♥ surf the net, interesting

♥ Me gusta...	hacer... navegar...	porque es	interesante.
♥♥ Me gusta mucho...			guay.
✗ No me gusta...			divertido.
✗✗ No me gusta nada...			estúpido.
			aburrido.

Lee los textos y escribe el nombre correcto.

Read the texts and write the correct name.

¡Hola! ¿Qué tal? Me llamo Santiago. Soy simpático y sincero.
Me gusta mucho salir con mis amigos y también me gusta ver la televisión, pero no me gusta navegar por Internet porque es aburrido.

Me llamo Lucía. Tengo trece años. Me gusta mucho mandar SMS y también me gusta escuchar música, pero no me gusta nada leer porque no es interesante.

Me llamo Carlos y vivo en San Sebastián.
Me gusta mucho jugar a los videojuegos. ¡Es guay!
También me gusta chatear o escribir correos, pero no me gusta ver la televisión porque no es divertido.

Who...

1. likes going out with friends?
2. doesn't like reading?
3. loves playing videogames?
4. likes chatting?
5. thinks surfing the net is boring?
6. likes listening to music?

¿Qué te gusta hacer? Prepara una presentación.

What do you like to do? Prepare a presentation.

Me gusta mucho salir con mis amigos porque es divertido.
También me gusta... porque es...
Pero no me gusta escribir correos porque es... y no me gusta nada... porque es...

You can make your sentences longer by using connectives such as **y**, **pero** and **porque**.
No me gusta nada jugar a los videojuegos porque **es aburrido**.

Eres famoso/a. ¿Qué te gusta hacer? ¿Qué no te gusta hacer? Escribe una entrada para un blog.

You are famous. What do you like to do? What don't you like to do? Write a blog entry.

Ejemplo:
Me llamo Katy Perry. Me gusta mucho escuchar música y...

SKILLS

Non-literal translations

In all languages there are some things that you can't translate word for word. The exact meaning of **me gusta** is 'it pleases me', but in English we say 'I like'.

¿Cantas karaoke?

- Saying what you do in your spare time
- Using **-ar** verbs in the present tense

1 LEER **Empareja las frases con los dibujos.**

¿Qué haces en tu tiempo libre?

Look for words you can guess the meaning of. Also try saying the words out loud. This can help you to work out what a word means.

- **a** Bailo.
- **b** Toco la guitarra.
- **c** Monto en bici.
- **d** Saco fotos.
- **e** Hablo con mis amigos.
- **f** Canto karaoke.

2 ESCUCHAR **Escucha y comprueba tus respuestas. (1–6)**

3 HABLAR **Con tu compañero/a, haz mímica de las actividades del ejercicio 1. Tu compañero/a adivina.**

With your partner, do mimes of the activities in exercise 1. Your partner guesses.

Ejemplo:

- **¿Qué haces en tu tiempo libre?**
- **(Haz mímica.)**
- **¿Montas en bici?**
- **Sí, monto en bici./No, no monta...**

4 ESCRIBIR **Traduce estas frases al inglés.**

Translate these sentences into English.

Ejemplo: **1** You play the guitar.

1. Toc**as** la guitarra.
2. Habl**o** con mis amigos.
3. Sac**áis** fotos.
4. Cant**an** karaoke.
5. Bail**amos**.
6. Mont**a** en bici.

Gramática

There are three types of verbs: -ar, -er and -ir. The biggest group is -ar verbs. Once you know the pattern, you can apply the rules to new -ar.

hablar to speak

(yo)	**habl*o***	I speak
(tú)	**habl*as***	you speak
(él/ella)	**habl*a***	he/she speaks
(nosotros)	**habl*amos***	we speak
(vosotros)	**habl*áis***	you (plural) speak
(ellos)	**habl*an***	they speak

In brackets you can see the pronouns I, you, he/she, we, you, they. Often these are not used in Spanish because the verb endings make it clear who is speaking.

There are two ways of saying 'you' in Spanish. Use the **tú** form when you are talking to one person, and the **vosotros** form when you are talking to more than one person.

Escucha y escribe las letras correctas. (1–4)

todos los días
a veces
nunca
de vez en cuando

¿Eres una persona activa?

1 **¿Cantas karaoke de vez en cuando?**
- a Sí, todos los días canto karaoke.
- b Sí, a veces canto karaoke.
- c Nunca canto karaoke.

3 **¿Tocas la guitarra de vez en cuando?**
- a Sí, todos los días toco la guitarra.
- b Sí, a veces toco la guitarra.
- c Nunca toco la guitarra.

2 **¿Escuchas música de vez en cuando?**
- a Sí, todos los días escucho música.
- b Sí, a veces escucho música.
- c Nunca escucho música.

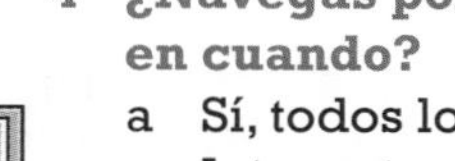

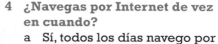

4 **¿Navegas por Internet de vez en cuando?**
- a Sí, todos los días navego por Internet.
- b Sí, a veces navego por Internet.
- c Nunca navego por Internet.

Tienes mayoría de la letra a: ¡Tranquilo! Eres muy, muy activo/a. Relájate de vez en cuando.
Tienes mayoría de la letra b: Te gusta hacer muchas cosas diferentes. Muy bien.
Tienes mayoría de la letra c: ¿Qué te gusta hacer? ¿Nada?

Con tu compañero/a, haz la encuesta del ejercicio 5.
With your partner, do the quiz from exercise 5.

relájate *relax*
nada *nothing*

Ejemplo:
● **1 ¿Cantas karaoke de vez en cuando?**
■ **c Nunca canto karaoke.**

¿Cómo son los amigos de Ana? Copia y rellena la tabla.
What are Ana's friends like? Copy and fill in the table.

name	every day	sometimes	never
Luz	plays guitar		

no le gusta *he/she doesn't like it*
o *or*

Mis amigos de Latinoamérica

Hola, me llamo Ana. Tengo dos amigos interesantes: Luz y Sergio. Luz vive en Perú. Todos los días toca la guitarra o escucha música. A veces baila o monta en bici, pero nunca saca fotos porque no le gusta nada.

Sergio vive en Colombia. Todos los días navega por Internet y habla con sus amigos. A veces manda SMS, pero nunca canta karaoke porque no le gusta.

¿Qué haces en tu tiempo libre? Escribe un texto.
What do you do in your spare time? Write a text.

Todos los días navego por Internet o escucho música.
A veces saco fotos y bailo, pero nunca canto karaoke porque no es interesante.

¿Qué haces cuando llueve?

- Talking about the weather
- Using **cuando** (when)

Escucha y escribe la letra correcta. (1–6)

Ejemplo: **1** b

a 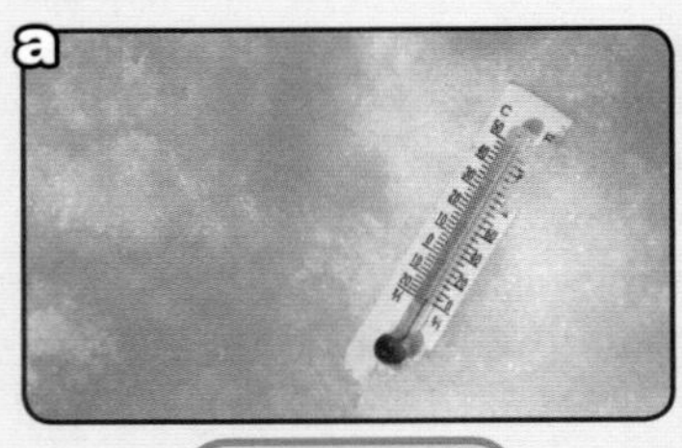
Hace frío.

b 
Hace sol.

c 
Hace calor.

d 
Hace buen tiempo.

e 
Llueve.

f 
Nieva.

Con tu compañero/a juega a un juego de memoria. Una persona cierra el libro, la otra dice una letra.
With your partner. Play a memory game. One person closes the book, the other person says a letter.

Ejemplo:
- ● **c**
- ■ **Hace sol.**
- ● **Sí.**

Pronunciación

Do you remember how to pronounce the **ll** in **llueve**? Look back at p.8.

Lee las frases. Escribe las dos letras correctas.
Read the sentences. Write the two correct letters.

Ejemplo: **1** b, h
1. Cuando hace sol, saco fotos.
2. Cuando hace buen tiempo, monto en bici.
3. Cuando nieva, toco la guitarra.
4. Cuando hace frío, canto karaoke.
5. Cuando llueve, navego por Internet.
6. Cuando hace calor, bailo.

SKILLS

Cuando as a connective

Cuando (when) is a useful connective. Use it to make your sentences as long and interesting as you can.

a  
b 
c 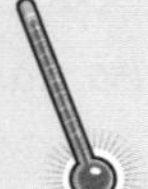
d 
e 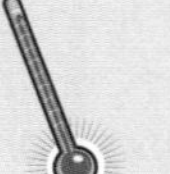
f 

g    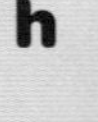
h 
i  
j   
k  
l 

Con tu compañero/a, haz un diálogo.

Ejemplo:
- **¿Qué haces cuando llueve?**
- **Cuando llueve, escucho música.**
- **¿Qué haces cuando hace sol?**
- ...

Escucha y lee los textos. Copia y completa la tabla en inglés.

en primavera	in spring
en verano	in summer
en otoño	in autumn
en invierno	in winter

a

Hola, me llamo Marcos. Vivo en Esquel, en Argentina. En invierno, nieva mucho, pero en verano hace sol.

b

Hola, me llamo Martina y vivo en Punta Arenas, en Chile. Generalmente en verano hace buen tiempo, pero a veces llueve.

c

Me llamo Samuel y vivo en Nasca, en Perú. Hace sol en primavera, en verano, en otoño y en invierno. Nunca llueve. ¡Qué bien!

d

Me llamo Rosa y vivo en La Paz, en Bolivia. En verano hace calor, pero llueve a veces. En otoño y en invierno hace frío. No me gusta cuando hace frío. ¡Uy!

Some Latin American countries are in the northern hemisphere (north of the equator) and some are in the southern hemisphere (south of the equator). Colombia and Ecuador are in both, as the equator runs through them. Both countries have a tropical climate, where it can be hot but there is also a rainy season.

name	town	country	spring	summer	autumn	winter

Escucha y apunta en inglés la estación y el tiempo.
Listen and note down in English the season and the weather.

¿Dónde vives? ¿Cómo es el clima allí? ¿Qué haces cuando llueve? Escribe una entrada para un blog.
Where do you live? What's the weather like there? What do you do when it rains? Write a blog entry.

Ejemplo:
Me llamo... y vivo en Brighton/Glasgow/Cardiff.
En Brighton, en primavera... En verano...
Cuando hace calor, saco fotos o... Pero cuando llueve, ...

Write about all four seasons. Try to include some time expressions, e.g. **a veces**, **nunca**.

¿Qué deportes haces?

- Saying what sports you do
- Using **hacer** (to do) and **jugar** (to play)

1 **Escucha y escribe la letra correcta (1–9).**

Ejemplo: **1** e

¿Qué deportes haces?

a

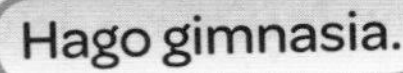

Hago gimnasia.

b

Hago artes marciales.

c

Hago equitación.

d

Hago atletismo.

e

Hago natación.

f

Juego al fútbol.

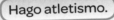

g

Juego al tenis.

h

Juego al voleibol.

i

Juego al baloncesto.

Gramática

Hacer (to do) is an important irregular verb. The c changes to g in the 'I' form. Learn it by heart.

hago	I do
haces	you do
hace	he/she does
hacemos	we do
hacéis	you (plural) do
hacen	they do

>> p45

2 **Escucha. Escribe las letras correctas del ejercicio 1 y dibuja el símbolo correcto. (1–5)**

Listen. Write the correct letters from exercise 1 and draw the correct symbol.

1 Adrián **2** Marta **3** Claudia **4** Hugo **5** Samuel

	deportes	opinión
Adrián	d, h, e	♥♥

SKILLS

Giving opinions

You can use these expressions on their own (without an infinitive), to give an opinion about something you've already mentioned.

¡Me gusta!
♥

¡Me gusta mucho!
♥♥

¡Me gusta muchísimo!
♥♥♥

¡Me encanta!
♥♥♥♥

3 **Con tu compañero/a, haz cuatro diálogos.**

Ejemplo:

- ¿Qué deportes haces?
- **Hago atletismo y juego al baloncesto. También hago natación. Me gusta mucho porque es divertido.**

a

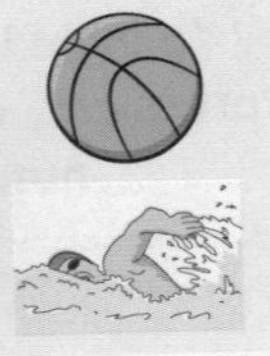

b

c

d ¿Y tú?

Pronunciación

The letter **c** has a soft sound ('theee') when it comes before **e** and **i**. For example: ha**ce** nata**ci**ón.

Gramática

Jugar **(to play) is a stem-changing verb. Some people call these 'boot' verbs.**

juego	I play	**jugamos**	we play
juegas	you play	**jugáis**	you (plural) play
juega	he/she plays	**juegan**	they play

>> p45

Escucha. ¿Quién dice los días en el orden correcto? ¿Juan o Ana?
Listen. Who says the days in the correct order? Juan or Ana?

lunes | martes | miércoles | jueves | viernes | sábado | domingo

Escucha y lee el rap. Contesta a las preguntas en inglés.
Listen and read the rap. Answer the questions in English.

¿Qué haces en tu tiempo libre? ¿Qué deportes haces tú?
¿Qué haces en tu tiempo libre? ¿Qué deportes haces tú?
Los lunes hago atletismo, a mí me gusta muchísimo.
Los martes hago artes marciales. Es divertido, ¡muy divertido!
Los miércoles juego al baloncesto, porque a mí me gusta mucho.
Los jueves juego al tenis cuando hace sol y buen tiempo.
Los viernes juego al fútbol normalmente con mi equipo.
Los sábados hago natación o a veces equitación.
Y los domingos, no hago nada. ¡Yo veo la televisión!
No, los domingos, no hago nada. ¡Yo veo la televisión!
¿Qué haces en tu tiempo libre? ¿Qué deportes haces tú?

lunes Monday
los lunes on Mondays/ every Monday

sábado Saturday
los sábados on Saturdays/ every Saturday

ISHAM

a How many activities does Isham mention?
b How many opinions does Isham give?

no hago nada *I do nothing/ I don't do anything*
el equipo *team*

Lee el rap otra vez y completa las frases en inglés.
Read the rap again and complete the sentences in English.

1 On Mondays, Isham does ——.
2 Isham thinks martial arts are ——.
3 On Wednesdays, he plays basketball because ——.
4 When it's nice weather, Isham plays ——.
5 He plays in a —— team.
6 On Saturdays, he goes —— or sometimes ——.

Cambia un elemento en cada línea del rap.
Change one element in each line of the rap.

Ejemplo: Los lunes hago gimnasia, a mí me gusta muchísimo.

Haz tu rap para la clase.
Do your rap for your class.

¿Eres fanático?

- Reading about someone's favourite things
- Understanding more challenging texts

READING SKILLS

Lee las frases. Busca un cognado en cada frase.
Read the sentences. Look for one cognate in each sentence.

Ejemplo: **1** capital

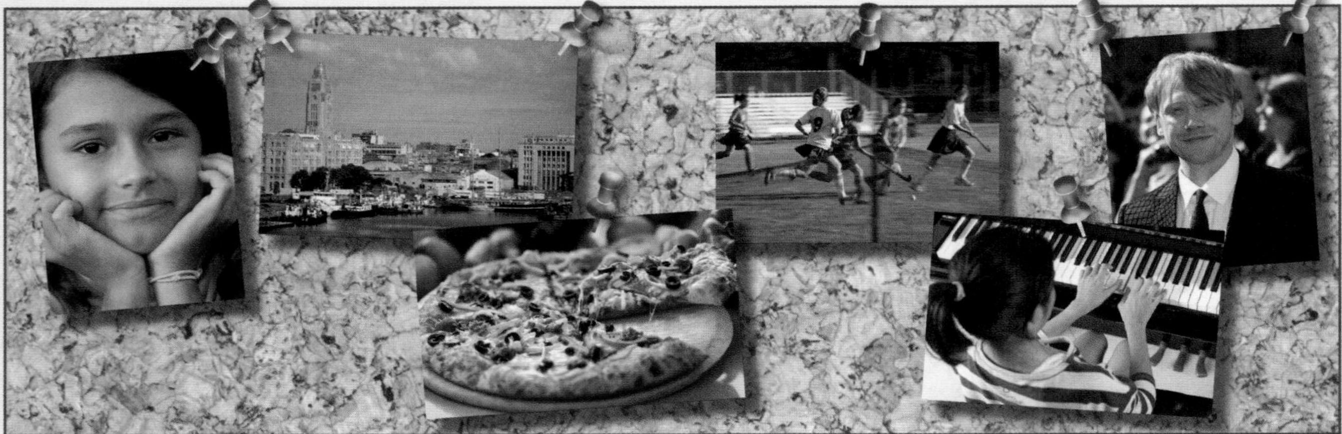

1. Me llamo Yasmina. Vivo en Montevideo, la capital de Uruguay.
2. Soy bastante divertida y me gusta mucho jugar al hockey.
3. También me gusta salir con mis amigas y comer pizza.
4. Cuando hace mal tiempo, a veces toco el piano.
5. Mi actor favorito es Rupert Grint. ¡Es genial!
6. No me gusta nada jugar al waterpolo porque es aburrido.

SKILLS — Cognates

Some words are spelt the same in Spanish and English. These are called **cognates**.

Even though they look the same, they may be pronounced differently. Watch out for this!

Eres Yasmina del ejercicio 1. Copia y rellena la ficha de identidad en inglés.
You are Yasmina from exercise 1. Copy and fill in the identity card in English.

Name:
Lives in:
Personality:
Likes:
Dislikes:
Other details:

Escucha y lee los textos. Luego busca las palabras en los textos.
Listen and read the texts. Then find the words in the texts.

¡Hola! Me llamo Carlos. Soy honesto y bastante paciente. En mi tiempo libre toco el saxofón o navego por Internet.

Me llamo Juan. Soy optimista y muy positivo. Mi deporte favorito es el ciclismo y mi animal favorito es el tigre.

Me llamo Valentina. Vivo en Buenos Aires, en Argentina. En invierno hago esquí. Me encanta. ¡Es genial!

SKILLS — Near-cognates

Some words are not spelt exactly the same but are similar, so we can still work out what they might mean. These are called **near-cognates**.

1	honest	**5**	positive
2	patient	**6**	cycling
3	saxophone	**7**	tiger
4	optimistic	**8**	skiing

4 ESCUCHAR

Escucha y lee el texto. Completa las frases.

Me llamo Felipe y vivo en la Ciudad de México, que es la capital de México. Tengo dieciséis años. Soy bastante extrovertido. No soy nada pesimista. Juego al fútbol todos los días. Es mi pasión. Soy miembro del equipo nacional sub-17. Soy defensa. La camiseta de fútbol mexicana es verde y me gusta mucho. Llevo el número 5.

En mi tiempo libre me gusta montar en bici porque es divertido. Me gusta mucho navegar por Internet porque es interesante, también me gusta hacer alpinismo. Me encanta jugar a los videojuegos. Mi juego favorito es 'Football up!', por supuesto.

1 Playing football is Felipe's passion. He is a member of the ——.
2 In the team, he plays as a ——.
3 The Mexican —— is green.
4 Felipe —— the number 5 shirt.
5 In his spare time, he likes surfing the Net and also going ——.
6 His —— is 'Football up!', of course!

SKILLS

Using context

You can sometimes guess the meaning of new words from the context (what the rest of the sentence or text is about).

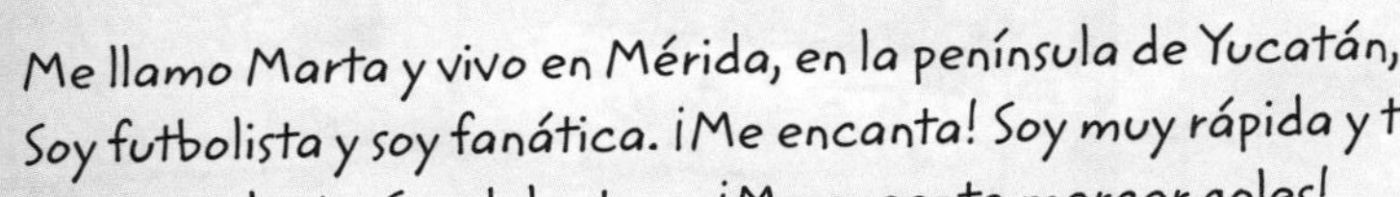
La **camiseta** de fútbol mexicana es verde.

The Mexican football —— is green.

Can you guess the meaning of **camiseta**?

5 LEER

Lee el texto. Copia y completa la tabla.

Me llamo Marta y vivo en Mérida, en la península de Yucatán, en México. Soy futbolista y soy fanática. ¡Me encanta! Soy muy rápida y tengo mucho talento. Soy delantera. ¡Me encanta marcar goles!

En mi tiempo libre veo películas de ciencia ficción (mi película favorita es 'Avatar') o escucho música con mis amigas. Me gusta mucho bailar y también me gusta tocar el piano. Mi actriz favorita es Jennifer Lawrence porque es fenomenal. No me gusta nada chatear por Internet porque es muy aburrido, pero me gusta subir fotos a Internet y mandar SMS a mi familia. Mando SMS todos los días.

I worked these new words out…		
because they are cognates	because they are near-cognates	by looking at the context

6 LEER

Lee el texto otra vez. Apunta cinco detalles en inglés sobre la vida de Marta.

Read the text again. Note down five details in English about Marta's life.

¿Qué haces en tu tiempo libre?

- Taking part in a longer conversation
- Using question words

SPEAKING SKILLS

Completa las preguntas con la palabra correcta.
Complete the questions with the correct word.

Ejemplo: **1** Cuándo

1	¿ —— es tu cumpleaños?	¿Qué?
2	¿ —— vives?	¿Cuándo?
3	¿ —— tipo de persona eres?	¿Qué?
4	¿ —— te gusta hacer en tu tiempo libre?	¿Cuántos?
5	¿ —— te llamas?	¿Cómo?
6	¿ —— deportes haces?	¿Qué?
7	¿ —— años tienes?	¿Dónde?

SKILLS

Using question words

To take part in a longer conversation you need to know your question words.

These are the question words you know already:

¿Qué...?	What/Which?
¿Cuándo...?	When?
¿Dónde...?	Where?
¿Cómo...?	How/What?
¿Cuántos...?	How many?

Questions in Spanish always begin with an upside-down question mark ¿.

Escucha y comprueba tus respuestas. (1–7)

LEER

Completa la conversación con las preguntas correctas.

- **¿Cómo te llamas?**
- Me llamo Álex.
- **1 ¿...?**
- Tengo catorce años.
- **2 ¿...?**
- Mi cumpleaños es el tres de febrero.
- **3 ¿...?**
- Vivo en Buenos Aires, en Argentina.
- **4 ¿...?**
- Me gusta tocar la guitarra porque es bastante divertido.
- **5 ¿...?**
- Soy sincero y simpático, pero soy un poco serio.
- **6 ¿...?**
- Juego al rugby y al baloncesto, hago atletismo y también hago equitación.

Con tu compañero/a, practica el diálogo.
With your partner, practise the dialogue.

Lee el artículo. Busca en el texto:
Read the article. Find in the text:

- 5 connectives
- 2 intensifiers
- 2 opinions with reasons
- 2 expressions of frequency

La vida de Carmen

¿Cómo te llamas? Me llamo Carmen.

¿Dónde vives? Vivo en Toledo, en España. Me gusta mucho.

¿Cuántos años tienes? Tengo trece años.

¿Cuándo es tu cumpleaños? Mi cumpleaños es el cinco de julio.

¿Qué tipo de persona eres? Soy muy divertida y bastante simpática. No soy tímida.

¿Qué te gusta hacer en tu tiempo libre? En mi tiempo libre me gusta bailar y cantar porque es guay.

¿Qué deportes haces? Cuando hace sol, monto en bici o a veces hago natación. Cuando hace frío, no hago deporte. Escucho música o navego por Internet, pero nunca mando SMS porque es aburrido.

SKILLS

Making sentences more interesting

To make your sentences longer and more interesting, include:

- connectives (e.g. **y, cuando**)
- intensifiers (e.g. **muy**)
- reasons (e.g. **porque es...**)
- expressions of frequency (e.g. **todos los días**).

Con tu compañero/a, ¿cómo se dicen las letras rojas del ejercicio 5?
With your partner, how do you say the red letters from exercise 5?

Pronunciación

To check your pronunciation, look back at page 8 and the pronunciation tips in other units.

Escucha y comprueba la pronunciación.
Listen and check your pronunciation.

Con tu compañero/a, haz una conversación utilizando las preguntas del ejercicio 5.
With your partner, make up a conversation, using the questions from exercise 5.

Trabaja con otra pareja. Escucha su conversación y comprueba el uso de:
Work with another pair. Listen to their conversation and check their use of:

	☆☆☆ ¡Perfecto!	☆☆ ¡Bravo!	☆ Bien
y, o, también, cuando			
muy, bastante, un poco			
me gusta…, porque			
a veces, de vez en cuando, todos los días			

¿Qué opinas de la pronunciación?
What do you think of the pronunciation?

¡Perfecto! Tienes muy buena pronunciación.
¡Bravo! Tienes bastante buena pronunciación.
Bueno, tienes que mejorar tu pronunciación.

● say what I like and don't like doing	**Me gusta jugar a los videojuegos. No me gusta chatear.**
● ask someone what they like doing	**¿Qué te gusta hacer?**
● give opinions	**Es aburrido. Es interesante.**
■ use **me gusta** (etc.) plus infinitive	**Me gusta mucho navegar por Internet.**
■ use **no** to make sentences negative	**No es interesante.**
S use **porque** to give a reason	**Me gusta mandar SMS porque es divertido.**

● say what I do in my spare time	**Canto karaoke y escucho música.**
● ask someone what they do in their spare time	**¿Qué haces en tu tiempo libre?**
■ use expressions of frequency	**todos los días, a veces, nunca, de vez en cuando**
■ use **-ar** verbs in the present tense	**hablo, hablas, habla, hablamos, habláis, hablan**

● say what the weather is like	**hace buen tiempo, hace frío, llueve**
● say what I do in different weather	**Cuando hace calor, monto en bici.**
S use the connective **cuando**	**Cuando llueve, escucho música, pero cuando hace sol, monto en bici.**

● say what sports I do	**Hago atletismo y juego al voleibol.**
● ask someone what sports they do	**¿Qué deportes haces?**
● say what I think of different sports	**¡Me encanta! ¡Me gusta mucho!**
■ use the irregular verb **hacer** (to do)	**hago, haces, hace, hacemos, hacéis, hacen**
■ use the stem-changing verb **jugar** (to play)	**juego, juegas, juega, jugamos, jugáis, juegan**

S read longer texts by:	
– recognising cognates and near-cognates	**la capital, optimista, tigre**
– working out words from context	

S take part in an extended conversation, using:	
– different question words	**¿Qué? ¿Cuándo? ¿Cómo?**
– longer, more interesting sentences	
S assess my own and other people's pronunciation	

Escucha. Copia y completa la tabla. (1–5)

	tiempo	actividad
1	d	i

Con tu compañero/a, haz un diálogo.

Ejemplo:
- **¿Qué te gusta hacer?**
- **Me gusta...**
- **¿Qué deportes haces?**
- **Hago/Juego...**
- **¿Qué haces cuando llueve?**
- **Cuando llueve, ...**

Lee el texto. ¿Verdadero o falso? Escribe V o F.

Hola, me llamo Manuel y vivo en Madrid.
Tengo doce años y hago mucho deporte. ¡Me encanta!
Los lunes juego al baloncesto y a veces juego al fútbol también.
Los martes hago gimnasia y los miércoles hago equitación.
Los jueves juego al tenis y los viernes juego al voleibol.
Juego en un equipo y me gusta porque es muy divertido.
Los sábados hago artes marciales y los domingos hago atletismo.
¿Y tú? ¿Qué deportes haces?

Ejemplo: **1** V

1. Manuel is twelve years old.
2. On Mondays he plays basketball.
3. On Tuesdays he does gymnastics.
4. On Wednesdays he plays tennis.
5. On Saturdays he does martial arts.
6. On Sundays he goes swimming.

Escribe las frases en el orden correcto.

1. Los... (juego viernes fútbol al).
2. Los... (juego baloncesto domingos al).
3. Los... (karaoke martes canto).
4. Los... (hago sábados atletismo).
5. Todos... (SMS días los mando).
6. A... (escucho veces música).

Cambia la actividad o la expresión de tiempo en cada frase del ejercicio 4.
Change the activity or time expression in each sentence from exercise 4.

The infinitive

The infinitive is the form of a verb used in a dictionary or wordlist. In Spanish, verbs fall into three groups according to the ending of the infinitive: **-ar**, **-er** or **-ir**.

1 Match up the halves of these infinitives. Find the correct English translation.

Example: **1** jugar, to play

1	ju...	...cer	to write
2	ha...	...bir	to live
3	chat...	...er	to sing
4	le...	...ar	to speak
5	escri...	...gar	to do
6	viv...	...tar	to chat online
7	can...	...ear	to play
8	habl...	...ir	to read

Present tense -ar verbs

You use the present tense to talk about what usually happens: I surf the net, I send texts.

To form the present tense of **-ar** verbs, you take off the **-ar** and add a different ending for each person.

habl**ar** to speak

habl**o**	I speak	habl**amos**	we speak
habl**as**	you speak	habl**áis**	you (plural) speak
habl**a**	he/she speaks	habl**an**	they speak

2 Play a dice game with your partner. Throw the die twice and make a sentence.

Example:   Canta karaoke.

Throw 1	I	you	he/she	we	you (plural)	they
Throw 2						

3 Translate these sentences into Spanish.

1 We send texts./We text.
2 He plays the guitar.
3 I speak to my friends.
4 You (singular) sing karaoke.
5 They dance.
6 You (plural) listen.

Stem-changing verbs

Stem-changing verbs like **jugar** (to play) have regular endings, but some parts of the verb change the vowel in the 'stem'. Some people call these 'boot' verbs.

juego	I play	jugamos	we play
juegas	you play	jugáis	you (plural) play
juega	he/she plays	**jue**gan	they play

4 Unjumble the verbs, then translate the sentences into English.

1. Todos los días *jouge* al baloncesto.
2. De vez en cuando *agjue* al fútbol.
3. A veces *ujaeng* al tenis.
4. ¿*gJause* al voleibol?
5. *aJmugso* al rugby.

Irregular verbs

Hacer (to do) is an important irregular verb. The **c** changes to **g** in the 'I' form.

5 Hannah has spilt tea all over her verb tables. Can you write out the verb hacer for her?

hacer — to

hag	I do	hac	we do
haces	(singular) do	hacéis	(plural) do
hace	does	hac	they do

6 Write six sentences each containing one element from each circle and a different form of the verb hacer. Then translate into English.

Example:
1 De vez en cuando hago natación.
From time to time I go swimming.

Todos los días
A veces
Nunca
De vez en cuando
Los viernes
Los domingos

+ hacer +

deporte
atletismo
artes marciales
natación
equitación
gimnasia

Verbs with the infinitive

When two verbs come side by side, the second one MUST be in the infinitive:

Me gusta **mandar** SMS. — I like to text/texting.
Me encanta **ver** la televisión. — I love to watch/watching TV.

7 Choose the correct form of the verb to complete each sentence.

1. No me gusta *hacer/hago/hace* atletismo.
2. Me encanta *juego/jugar/juega* al fútbol.
3. Me gusta *mandar/mando/mandan* SMS.
4. ¿Te gusta *escuchamos/escuchan/escuchar* música?
5. No me gusta nada *leo/leen/leer*.

¿Qué te gusta hacer? What do you like to do?

Me gusta...	I like...	**navegar por Internet**	to surf the net
Me gusta mucho...	I really like...	**salir con mis amigos**	to go out with my friends
No me gusta...	I don't like...	**ver la televisión**	to watch TV
No me gusta nada...	I don't like at all...	**porque es...**	because it is...
chatear	to chat online	**porque no es...**	because it is not...
escribir correos	to write emails	**interesante**	interesting
escuchar música	to listen to music	**guay**	cool
jugar a los videojuegos	to play videogames	**divertido/a**	amusing, funny
leer	to read	**estúpido/a**	stupid
mandar SMS	to send text messages	**aburrido/a**	boring

¿Qué haces en tu tiempo libre? What do you do in your spare time?

bailo	I dance	**monto en bici**	I ride my bike
canto karaoke	I sing karaoke	**saco fotos**	I take photos
hablo con mis amigos	I talk with my friends	**toco la guitarra**	I play the guitar

Expresiones de frecuencia Expressions of frequency

a veces	sometimes	**nunca**	never
de vez en cuando	from time to time	**todos los días**	every day

¿Qué tiempo hace? What's the weather like?

hace calor	it's hot	**llueve**	it's raining
hace frío	it's cold	**nieva**	it's smowing
hace sol	it's sunny	**¿Qué haces cuando llueve?**	What do you do when it's raining?
hace buen tiempo	it's nice weather		

Las estaciones The seasons

la primavera	spring	**el otoño**	autumn
el verano	summer	**el invierno**	winter

¿Qué deportes haces? What sports do you do?

Hago artes marciales.	I do martial arts.	**Juego al tenis.**	I play tennis.
Hago atletismo.	I do athletics.	**Juego al voleibol.**	I play volleyball.
Hago equitación.	I do/go horseriding.	**¡Me gusta!**	I like it!
Hago gimnasia.	I do gymnastics.	**¡Me gusta mucho!**	I like it a lot!
Hago natación.	I do/go swimming.	**¡Me gusta muchísimo!**	I really, really like it!
Juego al baloncesto.	I play basketball.	**¡Me encanta!**	I love it!
Juego al fútbol.	I play football.		

Los días de la semana The days of the week

lunes	Monday	**domingo**	Sunday
martes	Tuesday	**los lunes**	on Mondays, every Monday
miércoles	Wednesday	**los martes**	on Tuesdays, every Tuesday
jueves	Thursday		
viernes	Friday		
sábado	Saturday		

Algunas preguntas Some questions

¿Qué...?	What/Which...?	**¿Cómo...?**	How/What...?
¿Cuándo...?	When...?	**¿Cuántos...?**	How many...?
¿Dónde...?	Where...?		

Palabras muy frecuentes High-frequency useful words

con	with	**pero**	but
cuando	when	**porque**	because
generalmente	generally	**sí**	yes
mucho	a lot	**también**	also, too
no	no	**y**	and
o	or	**¿Y tú?**	And you?

Estrategia 2
Cognates and near-cognates

A **cognate** is spelt the same in English as in Spanish. Most of the time they mean exactly the same, too, for example:

piano → piano

In Spanish there are also lots of words that look similar to English words but are not identical. These words are called **near-cognates**. They often have exactly the same meaning as the English (but not always!). How many of these words can you find on these two pages? Here's one to get you started:

música → music

However, there are some words that look identical, or almost identical, to English words but have different meanings. These are often called **false friends**. For example, you have met the Spanish word **once**. This doesn't mean the same as the English word 'once'! Can you remember what it does mean, and how to pronounce it?

So the lesson from this is to use your knowledge of English to help you work out the meanings of Spanish words, but be careful. There are some that can trip you up.

Navidad en España

- Learning about Christmas in Spain
- Writing an acrostic about Christmas

Zona Cultura

Christmas is an important celebration in Spain. On Christmas Eve people have a dinner of seafood, then meat (turkey, beef or lamb), and **turrón** (almond nougat) for dessert. If they are Catholics, at midnight they go to **la Misa del Gallo**, literally 'The Mass of the rooster'.

Spanish homes usually have a Christmas tree and often **un belén** (a nativity scene). In some parts of Spain you may see people dancing **la jota** (a folk dance), or playing **la zambomba** (a special kind of drum that is played by pulling a rope).

1 ¿Quién habla? Escucha y escribe el nombre correcto. (1-6)

Ejemplo: **1** Daniel

¿Qué te gusta hacer en Navidad?

En Navidad me gusta...

a Mateo

ir a la Misa del Gallo

b Bea

cantar villancicos

c Daniel

decorar el árbol de Navidad

d Manuela

hacer una cena especial

e Valeria

mandar postales navideñas

f Farid

estar de vacaciones

2 Escucha. Copia y completa la tabla. (1–4)

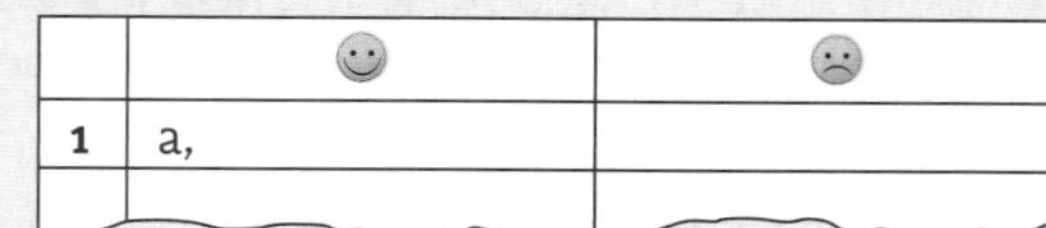

	☺	☹
1	a,	

3 Escribe estas frases en español.

Ejemplo: **1** En Navidad me gusta ir a la Misa del Gallo, pero...

1 En Navidad ☺ [Misa del Gallo], pero ☹ [Feliz Navidad].

2 En Navidad ☺☺ , pero ☹ [turkey].

3 En Navidad ☺  y ☺☺ , pero ☹ 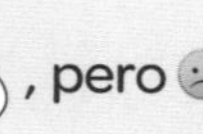 y ☹☹   .

☺	me gusta
☺☺	me gusta mucho
☹	no me gusta
☹☹	no me gusta nada

Escucha y lee los textos. Escribe el nombre correcto.

Me llamo Alberto y vivo en Bilbao. En Navidad me gusta mandar postales navideñas y decorar el árbol, pero no me gusta ir a la Misa del Gallo.

Me llamo Mireia y vivo en Granada. No celebro la Navidad porque no soy cristiana, soy hindú, pero me gusta hacer una cena especial y estar con mi familia el 25 de diciembre.

Me llamo Irene y tengo doce años. En Navidad me gusta cantar villancicos y bailar la jota porque es muy divertido, pero no me gusta mandar postales navideñas porque es aburrido.

Me llamo Mohamed y vivo en Sevilla. Tengo trece años. No celebro la Navidad porque soy musulmán, pero el 25 de diciembre me gusta tocar la zambomba. ¡Es guay!

Who...

1 doesn't like going to mass?
2 doesn't like sending Christmas cards?
3 likes playing the special drum?
4 likes having a special meal?
5 likes decorating the tree?
6 likes folk dancing and singing carols?
7 is Muslim?
8 likes to be with his/her family?

No celebro la Navidad porque soy...	*I don't celebrate Christmas, because I am...*
hindú	*Hindu*
judío/judía	*Jewish*
musulmán/musulmana	*Muslim*
sij	*Sikh*

Trabaja en un grupo de cuatro personas. Habla de la Navidad.

Work in a group of four people. Talk about Christmas.

Ejemplo:

● **¿Qué te gusta hacer en Navidad?**
■ **Me gusta <u>hacer una cena especial</u> y también...**
▲ **No celebro la Navidad porque soy..., pero me gusta...**

Haz una presentación sobre la Navidad u otra celebración.

Do a presentation about Christmas or another celebration.

- say what your name is (**Me llamo...**)
- say where you live (**Vivo en...**)
- say what you like and don't like doing during your celebration (**En Navidad/En Hanukah/En Eid-al-Fitr/ En Diwali** (etc.) **me gusta..., pero no me gusta...**)

Escribe un acróstico. Escribe una palabra por cada letra. Decóralo.

Write an acrostic. Write one word for each letter. Decorate it.

Feliz Navidad	*Happy Christmas*

Los Reyes Magos

- Learning about the Day of the Three Kings
- Creating a Spanish Christmas calendar

Zona Cultura

Spanish children often receive their presents on 6 January: **el Día de los Reyes Magos** (the Day of the Three Kings, who are said to have brought gifts to the Baby Jesus). On the night of 5 January some children put out food and water for the Three Kings and their camels. They also leave out their shoes, so that these will be filled with presents. But if they have not been good, they will get a lump of coal instead!

In most Spanish cities there are big processions on the evening of 5 January, when **los Reyes Magos,** Melchor, Gaspar and Baltasar, throw sweets to the children.

On 6 January, people eat **el roscón de Reyes**. It is a ring-shaped cake. Whoever finds the charm hidden in the cake is crowned king or queen for the day!

1 ESCUCHAR **Escucha y lee.**

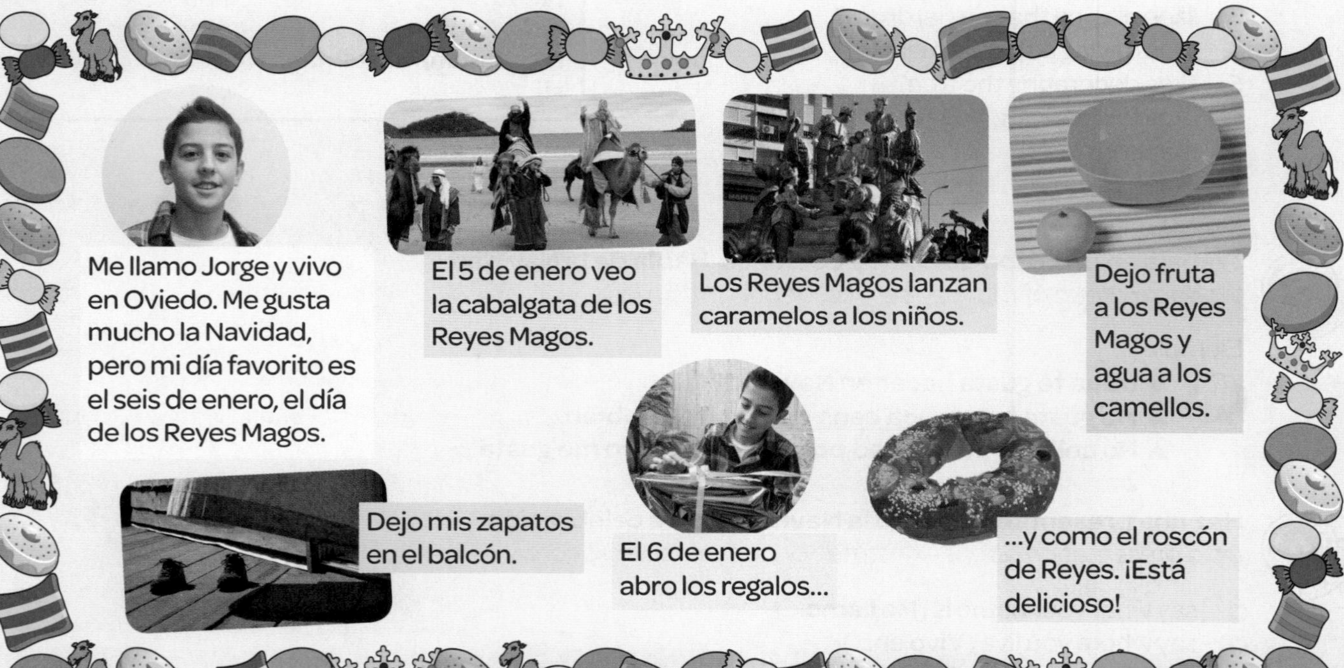

Me llamo Jorge y vivo en Oviedo. Me gusta mucho la Navidad, pero mi día favorito es el seis de enero, el día de los Reyes Magos.

El 5 de enero veo la cabalgata de los Reyes Magos.

Los Reyes Magos lanzan caramelos a los niños.

Dejo fruta a los Reyes Magos y agua a los camellos.

Dejo mis zapatos en el balcón.

El 6 de enero abro los regalos...

...y como el roscón de Reyes. ¡Está delicioso!

2 LEER **Busca estas palabras en español en el texto del ejercicio 1.**

Find these words in Spanish in the text from exercise 1.

1 the Three Kings' procession
2 the Three Kings throw sweets
3 to the children
4 I leave fruit
5 water for the camels
6 my shoes
7 I open presents
8 I eat the 'Kings' cake'

3 LEER **Lee el texto del ejercicio 1 otra vez. ¿Verdadero o falso? Escribe V o F.**

1 Jorge's favourite day is Christmas Day.
2 The kings throw confetti at the children.
3 Jorge leaves fruit for the kings and water for the camels.
4 He leaves his shoes out on the balcony.
5 On the morning of 7 January he opens his presents.
6 He eats a ring-shaped cake.

Lee el texto. Pon los dibujos en el orden del texto.
Read the text. Put the drawings into the order of the text.

tiene lugar	*takes place*
eso	*this*
llegan esquiando	*they arrive on skis*
mil	*thousand*

Me llamo Lucía y vivo en Granada. Tengo doce años y me encanta ver la cabalgata de los Reyes Magos. Mi héroe es Baltasar porque lanza muchos caramelos a los niños (¡en Granada los Reyes lanzan catorce mil kilos de caramelos!). Es muy generoso y también me encanta su camello.

La cabalgata tiene lugar en invierno, cuando hace frío, pero eso no es importante porque es muy divertido. Los Reyes Magos son muy listos, es verdad. En Sierra Nevada los Reyes Magos no tienen camellos, llegan esquiando; y en Alicante llegan en helicóptero.

a 

b 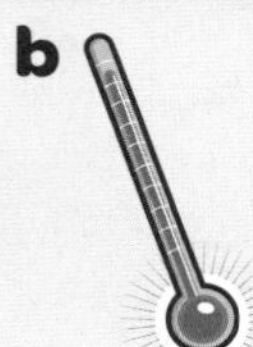

c 

d 

e 

f 

Trabaja en un grupo de cuatro. Cada persona elige una tradición. Busca información en Internet. Haz una presentación en inglés a tu grupo.
Work in a group of four. Choose a tradition. Look for information on the internet. Give a presentation in English to your group.

Some of these traditions you may already know about. Do some research to find out about the others.

1. What is this tradition?
2. When does it take place?
3. What happens?

- El día de los Reyes Magos
- El día de los inocentes
- El día de Navidad
- La Nochebuena y la Misa del Gallo
- 'El Gordo'
- La Nochevieja y las uvas de la suerte

En tu grupo de cuatro, diseña un calendario de Navidad para los turistas de habla inglesa en España.
In your group of four, create a Christmas calendar for English-speaking tourists in Spain.

- Create six 'doors' for your calendar.
- On each door, write the date of the tradition, in Spanish (e.g. **el 24 de diciembre**).
- Behind each door:
  - Explain briefly in English what the tradition is about.
  - Include a photo or your own drawing of the tradition, labelled in Spanish.
  - Give any other Spanish words tourists might find useful.

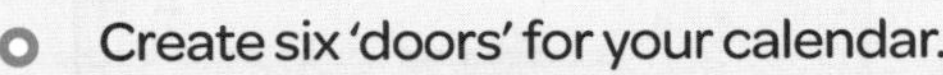

¡MODULE 3! Mi insti

1 ¿Qué instituto está…

a en España? **b** en Gran Bretaña? **c** en México?

2 En España las clases comienzan normalmente…

a a las ocho.
b a las nueve.
c a las diez.

3 En España las clases terminan normalmente…

a a la una.
b a las dos.
c a las tres.

4 ¿Qué estudian en España?

	LUNES	MARTES	MIÉRCOLES	JUEVES	VIERNES
8:30 a 9:25	INGLÉS	TECNOLOGÍA	TECNOLOGÍA	MATEMÁTICAS	FRANCÉS
9:25 a 10:20	CIENCIAS NATURALES	EDUCACIÓN FÍSICA	MÚSICA	INGLÉS	CIENCIAS NATURALES
10:20 10:35	RECREO				
10:35 a 11:30	MATEMÁTICAS	CIENCIAS SOCIALES	RELIGIÓN	LENGUA	INGLÉS
11:30 a 12:25	LENGUA	FRANCÉS	MATEMÁTICAS	CIENCIAS SOCIALES	LENGUA
12:25 12:45	RECREO				
12:45 a 13:40	TECNOLOGÍA	CIENCIAS NATURALES	CIENCIAS SOCIALES	EDUCACIÓN FÍSICA	MATEMÁTICAS
13:40 a 14:35	RELIGIÓN	INGLÉS	LENGUA	TUTORÍA	MÚSICA

Can you work out any of the subjects on this timetable? Look for **cognates** and **near-cognates**.

In Spain pupils get at least ten weeks of summer holiday! How would you feel about that?

¿A qué edad los niños españoles comienzan a aprender inglés normalmente?

- **a** A los seis años.
- **b** A los once años.
- **c** A los catorce años.

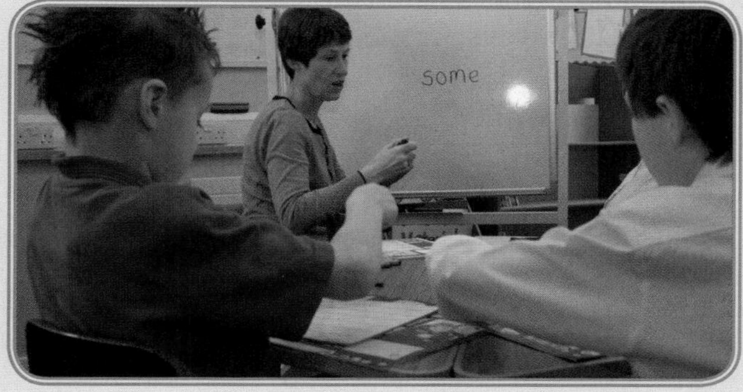

Mira el menú. ¿Qué comen los niños españoles en el instituto?

Menú

Abril

martes 11	miércoles 12
melón con jamón	coliflor y brócoli
lasaña	salmón con ensalada
fruta	yogur

¿De qué país es esta foto, en tu opinión?

- **a** Gran Bretaña
- **b** Japón
- **c** México
- **d** Francia

In Spain many children eat lunch at home, after school. They take in a sandwich to eat at break.

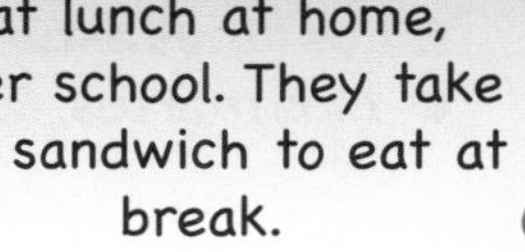

¿Qué estudias?

- Saying what subjects you study
- Using **-ar** verbs to say what 'we' do

Empareja los dibujos con las asignaturas.
Match the drawings with the subjects.

1 
2 
3 
4 
5

6 
7 
8 
9 

10 
11
12
13
14

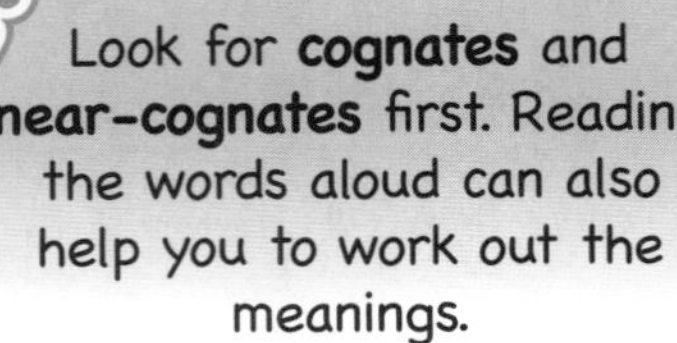

Look for **cognates** and **near-cognates** first. Reading the words aloud can also help you to work out the meanings.

- **a** dibujo
- **b** inglés
- **c** educación física
- **d** música
- **e** francés
- **f** español
- **g** religión
- **h** geografía
- **i** historia
- **j** tecnología
- **k** informática
- **l** ciencias
- **m** matemáticas
- **n** teatro

Escucha y comprueba tus respuestas. (1–14)

Lee el texto. ¿Qué estudias cada día? Apunta las asignaturas, utilizando los números del ejercicio 1.

Ejemplo: Mon, 5, 1

Los lunes estudio geografía e inglés.
Los martes estudio informática, teatro y también matemáticas.
Los miércoles estudio francés, música y educación física.
Los jueves estudio español, tecnología e historia.
Los viernes estudio ciencias, religión y también dibujo.

You say:
geografía **y** ciencias
But to make the pronunciation easier, **y** changes to **e** before the sounds **i-** and **hi-**:
geografía **e** inglés
geografía **e** informática
geografía **e** historia

Habla de tu horario. Con tu compañero/a, pregunta y contesta.
Talk about your timetable. With your partner, ask and answer questions.

Ejemplo:
- **Los lunes, ¿qué estudias?**
- **Los lunes estudio… y también…**
- **Y los martes, ¿qué estudias?**

Pronunciación

Do you remember the rule about when c is a hard or a soft sound (e.g. música, ciencias?) Look back at pp. 8 and 36.

5
ESCUCHAR

¿Cuál es tu día favorito? Copia y completa la tabla en inglés. (1–5)
What is your favourite day? Copy and complete the grid in English.

1 Laila **2** Andrés **3** Almudena **4** Gabriel **5** Sara

	favourite school day	reason
Laila		

Gramática

The verb ending for the 'we' form of -ar verbs is -amos.

estudiamos we study
escuchamos we listen

>> p69

¿Cuál es tu día favorito? What is your favourite day?
Mi día favorito es el... My favourite day is...
¿Por qué? Why?
estudio/estudiamos... I study/we study...
por la mañana... in the morning
por la tarde... in the afternoon
no estudio... I don't study...

6
HABLAR

Con tu compañero/a, pregunta y contesta.

Ejemplo:
- **¿Cuál es tu día favorito?**
- **Mi día favorito es el viernes.**
- **¿Por qué?**
- **Porque estudiamos... por la mañana y... por la tarde.**

Don't forget:
el lunes Monday
los lunes on Mondays

7
LEER

Lee y completa las frases con los verbos del recuadro.
Read and complete the sentences with verbs from the box.

Ejemplo: **1** tocamos

Los lunes en la clase de música, 1 —— la guitarra.
Los martes en matemáticas, escuchamos y 2 ——.
Los miércoles en la clase de francés 3 —— con los compañeros.
Los jueves en educación física, 4 —— al voleibol.
Los viernes estudiamos informática, 5 —— por Internet.
Nunca 6 —— SMS tampoco chateamos.
En clase nunca gritamos. ¡Nunca gritamos!
En clase nunca gritamos. ¡Nunca! ¡Ni hablar!

tampoco *nor*
nunca gritamos *we never shout*
¡Ni hablar! *No way!*

navegamos	mandamos
hablamos	jugamos
calculamos	tocamos

8
ESCUCHAR
9
ESCRIBIR

Escucha y comprueba tus respuestas. Luego canta.

¿Qué estudias? Escribe un párrafo.

Me llamo… Vivo en…
Los lunes estudio/estudiamos… y también…, pero no…
Los martes…
Mi día favorito es el… porque por la mañana estudio/estudiamos… y por la tarde…

¿Te gustan las ciencias?

- Giving opinions about school subjects
- Using **me gusta(n) + el/la/los/las**

Escucha y lee. ¿Quién habla? (1–6)

Ejemplo: **1** Enrique

¿Te gusta...? Do you like...? (singular)

¿Te gustan...? Do you like...? (plural)

Abril
Me gusta el español.

Enrique: Me gusta la historia.

Óscar
Me encanta la educación física.

Marisol
No me gusta el inglés.

Diana: Me gustan mucho las ciencias.

Donato: No me gustan nada las matemáticas.

When you give opinions about subjects, make sure you use **el/la/los/las** before the noun. You don't use 'the' in English, but you must use **el/la/los/las** in Spanish.

singular
Me gusta el español. I like Spanish.

plural
Me gustan las matemáticas. I like maths.

>> p68

Con tu compañero/a, haz un diálogo muy positivo y un diálogo muy negativo.
With your partner, make up a really positive dialogue and a really negative dialogue.

- **¿Te gustan las ciencias?**
- No, no me gustan las ciencias.
- **¿Te gusta la historia?**
- ¿Estás loco/loca? No me gusta nada la historia.

- **¿Te gusta el dibujo?**
- Sí, me gusta el dibujo.
- **¿Te gustan las matemáticas?**
- ¡Ah, sí! ¡Me encantan las matemáticas!

Here are some adjectives to describe subjects and teachers. With a partner, brainstorm any others you already know.

singular		plural		English
masculine	feminine	masculine	feminine	
aburrido	aburrida	aburridos	aburridas	**boring**
divertido	divertida	divertidos	divertidas	**fun**
práctico	práctica	prácticos	prácticas	**practical**
difícil	difícil	difíciles	difíciles	**difficult**
fácil	fácil	fáciles	fáciles	**easy**
útil	útil	útiles	útiles	**useful**
raro	rara	raros	raras	**strange**
severo	severa	severos	severas	**strict**

Pronunciación

In Spanish, **g** is soft (a bit like the 'h' in 'hot') before **i** and **e**, but hard (like the 'g' in 'got') before **a**, **o**, **u** or a consonant. For example:
Me **g**usta la **g**eo**g**rafía.

Lee las opiniones y completa las frases en inglés.
Read the opinions and complete the sentences in English.

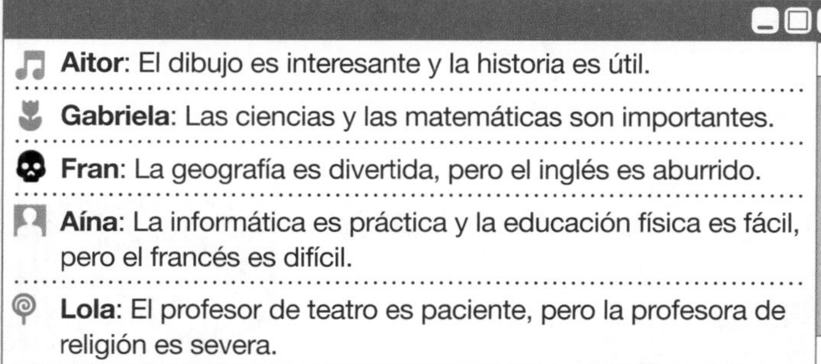

Aitor: El dibujo es interesante y la historia es útil.
Gabriela: Las ciencias y las matemáticas son importantes.
Fran: La geografía es divertida, pero el inglés es aburrido.
Aína: La informática es práctica y la educación física es fácil, pero el francés es difícil.
Lola: El profesor de teatro es paciente, pero la profesora de religión es severa.

1 Aitor thinks ▬ is interesting and ▬ is useful.
2 Gabriela thinks ▬ and ▬ are important.
3 Fran thinks ▬ is fun, but ▬ is boring.
4 Aína thinks ▬ is practical.
5 She also thinks ▬ is easy, but ▬ is difficult.
6 Lola thinks the ▬ teacher is patient, but the ▬ teacher is strict.

Escucha y escribe la asignatura y la opinión. (1–8) Ejemplo: **1** dibujo, difícil
Listen and write the subject and the opinion.

Lee los textos. Escribe los números de las cuatro frases correctas.

Me gustan las matemáticas porque son interesantes y el profesor es paciente. Me encanta el dibujo, pero no me gusta nada el francés porque es muy aburrido.
Paulina

Me gustan mucho las ciencias porque son útiles y también me gusta la historia porque es fácil, pero no me gusta nada el español porque la profesora es rara.
Manuel

Me encanta la informática porque es práctica y me gusta mucho el inglés porque es interesante, pero no me gusta nada la geografía porque no es importante.
Ana

1 Manuel likes science because it's useful.
2 Paulina doesn't like maths because it's very boring.
3 Ana doesn't like history because it's not important.
4 Paulina likes art but doesn't like French.
5 Manuel doesn't like Spanish because the teacher is strange.
6 Ana loves ICT because it's practical.

Gramática

When you are giving your opinion about subjects, you need to check three things:

1 **that you have the correct verb form: me gusta/me gustan**
2 **that you have used the correct definite article: el/la/los/las**
3 **that your adjectives agree in number and gender: aburrido/aburrida/aburridos/aburridas.**

>> p68

Prepara una presentación. Da tu opinión sobre tres asignaturas y tres profesores.
Prepare a presentation. Give your opinion of three subjects and three teachers.

- Me gusta/gustan mucho... porque es/son... y el profesor/la profesora es...
- También me gusta/gustan... porque es/son... y el profesor/la profesora es...
- pero no me gusta/gustan nada... porque es/son... y el profesor/la profesora es...

SKILLS

Using porque

Remember to use **porque** (because) to give reasons for your opinions.

Me gusta el inglés **porque** es interesante.
I like English **because** it's interesting.

¿Qué hay en tu insti?

- Describing your school
- Using the words for 'a', 'some' and 'the'

Escucha y escribe las letras en el orden correcto.

Ejemplo: d, ...

En mi instituto hay.../no hay...

a

un campo de fútbol

b
un comedor

c

un gimnasio

d

un patio

e

una clase de informática

f

una piscina

g

una biblioteca

h

unos laboratorios

i

unas clases

Hay = there is/there are.
It is pronounced 'eye'.
After **No hay...** you don't need **un/una/unos/unas**.
No hay gimnasio. There isn't a gym.

Con tu compañero/a, describe tu instituto. Añade cada vez una cosa más.

With your partner, describe your school. Add another thing each time.

- **En mi instituto hay una biblioteca.**
- **En mi instituto hay una biblioteca y unas clases.**
- **En mi instituto hay una biblioteca, unas clases y una piscina.**

Escribe estas frases correctamente.
Traduce las frases al inglés

1. En mi instituto hay un campo de fútbol.
2. En mi instituto hay un comedor y un gimnasio.
3. En mi instituto hay un patio, pero no hay piscina.
4. En mi instituto hay una biblioteca y también hay una piscina, pero no hay campo de fútbol.

Gramática

The plural form of **un/una** (meaning 'a') is **unos/unas** (meaning 'some'):

	singular	plural
masc	**un** laboratorio	**unos** laboratorios
fem	**una** clase	**unas** clases

Remember, there are also four words for 'the' in Spanish:

	singular	plural
masc	**el** laboratorio	**los** laboratorios
fem	**la** clase	**las** clases

>> p69

singular		plural		English
masculine	feminine	masculine	feminine	
moderno	moderna	modernos	modernas	**modern**
antiguo	antigua	antiguos	antiguas	**old**
bonito	bonita	bonitos	bonitas	**pretty**
feo	fea	feos	feas	**ugly**
pequeño	pequeña	pequeños	pequeñas	**small**
grande	grande	grandes	grandes	**big**

Remember, the adjective has to agree with the noun. In exercise 4, look at the adjective endings. Are they masculine or feminine? Singular or plural?

Completa los textos con los adjetivos correctos del recuadro.

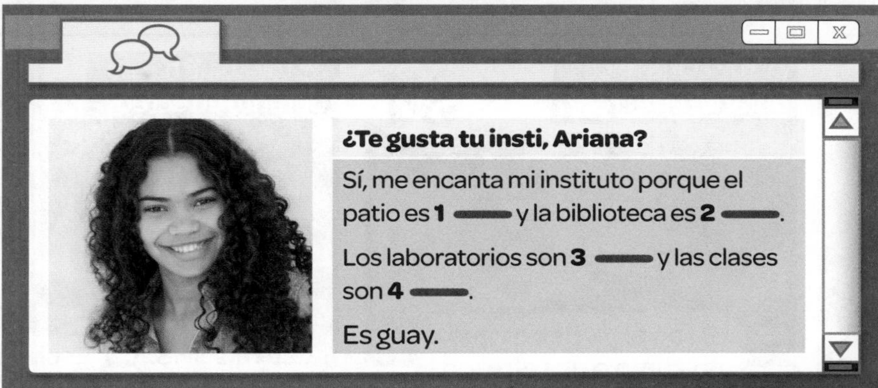

¿Te gusta tu insti, Ariana?

Sí, me encanta mi instituto porque el patio es **1** ——— y la biblioteca es **2** ———.

Los laboratorios son **3** ——— y las clases son **4** ———.

Es guay.

moderna bonitas
modernos grande

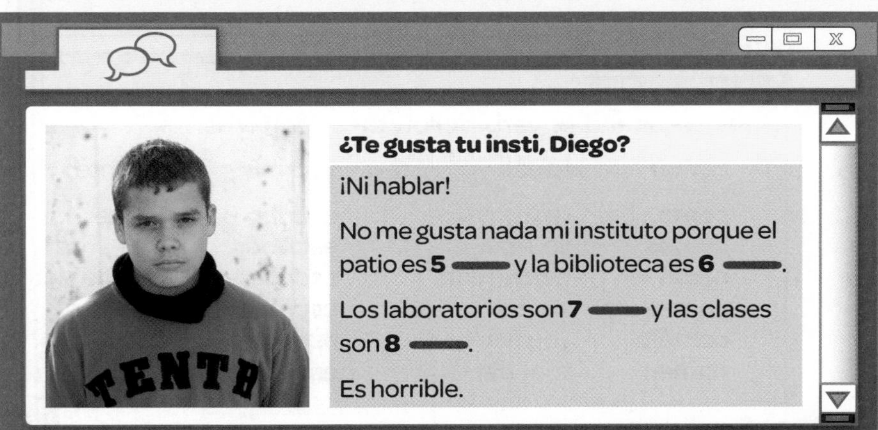

¿Te gusta tu insti, Diego?

¡Ni hablar!

No me gusta nada mi instituto porque el patio es **5** ——— y la biblioteca es **6** ———.

Los laboratorios son **7** ——— y las clases son **8** ———.

Es horrible.

antiguos feas
antigua pequeño

Escucha y comprueba tus respuestas.

Vas a un instituto famoso. ¿Qué hay en tu instituto? Escribe una entrada para un blog.
You go to a famous school. What is there in your school? Write a blog entry.

Ejemplo:

Mi instituto se llama…
En mi instituto hay… También hay…, pero no hay…
Me gusta el/la… porque es…
Estudio…
Me gusta/gustan mucho… porque es/son…
y el profesor/la profesora es…

Think of a school you know from a book, a film or maybe a TV show.

Durante el recreo

- Talking about break time
- Using **-er** and **-ir** verbs

Escucha y lee.

¡Hola! Hacemos un sondeo en el instituto...
¿Qué haces durante el recreo?

¿Qué haces durante el recreo?
Como algo... unas patatas fritas, por ejemplo.

¿Y tú?
Como un bocadillo o una chocolatina, o a veces unos caramelos.

¿Qué haces durante el recreo?
Como chicle o fruta.

¿Y tú? ¿Qué haces durante el recreo?
Bebo algo. Bebo agua, un zumo o un refresco.

¿Y tú? ¿Qué haces durante el recreo?
¿Y tú?
Leo mis SMS.
Escribo SMS.

Busca estas frases en español en el sondeo.
Look for these sentences in Spanish in the survey.

1 What do you do during break?
2 I eat something.
3 I drink something.
4 I read my text messages.
5 I write text messages.

Gramática

-er verbs and -ir verbs follow these patterns:

comer	to eat	escribir	to write
com**o**	I eat	escrib**o**	I write
com**es**	you eat	escrib**es**	you write
com**e**	he/she eats	escrib**e**	he/she writes
com**emos**	we eat	escrib**imos**	we write
com**éis**	you eat	escrib**ís**	you write
com**en**	they eat	escrib**en**	they write

>> p69

Con tu compañero/a, haz cinco diálogos.

Ejemplo:
- **¿Qué haces durante el recreo?**
- **Bebo agua y como un bocadillo.**

1 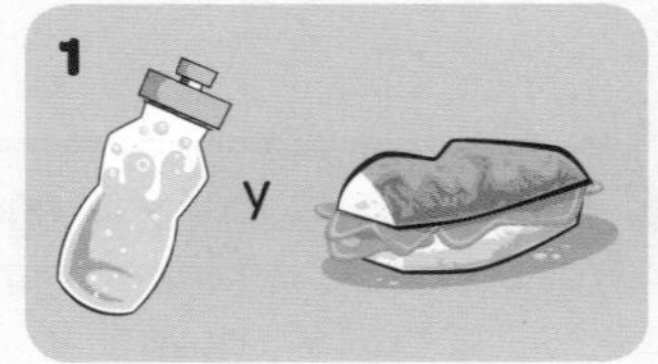

2 

3 

4  y 

5 ¿Y tú? ¿Qué haces durante el recreo?

Escucha. ¿Qué no se menciona? Escribe las dos letras correctas.
What is not mentioned? Write the two correct letters.

Lee los mensajes. ¿Verdadero o falso? Escribe V o F.

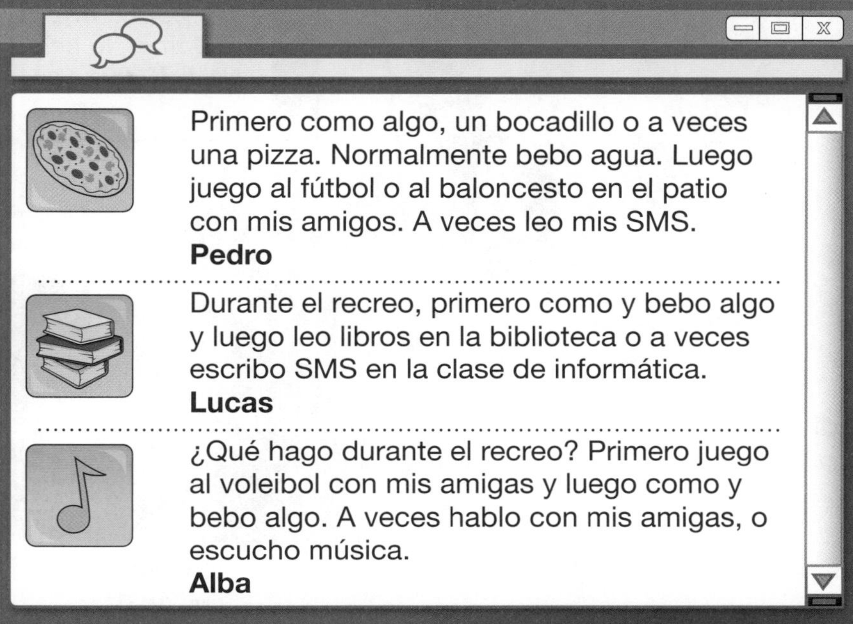

Primero como algo, un bocadillo o a veces una pizza. Normalmente bebo agua. Luego juego al fútbol o al baloncesto en el patio con mis amigos. A veces leo mis SMS.
Pedro

Durante el recreo, primero como y bebo algo y luego leo libros en la biblioteca o a veces escribo SMS en la clase de informática.
Lucas

¿Qué hago durante el recreo? Primero juego al voleibol con mis amigas y luego como y bebo algo. A veces hablo con mis amigas, o escucho música.
Alba

primero	first
luego	then
normalmente	normally
a veces	sometimes

1 Pedro come un bocadillo o a veces una pizza.
2 A veces Pedro escribe SMS en la clase de informática.
3 Durante el recreo, Lucas lee libros en el patio.
4 Lucas escribe SMS en la biblioteca.
5 Durante el recreo, Alba habla con sus amigas o escucha música.
6 Alba juega al baloncesto con sus amigas.

Escribe una tira cómica. Con tu compañero/a, lee la tira cómica en voz alta.
Write a comic strip. With your partner, read the comic strip out loud.

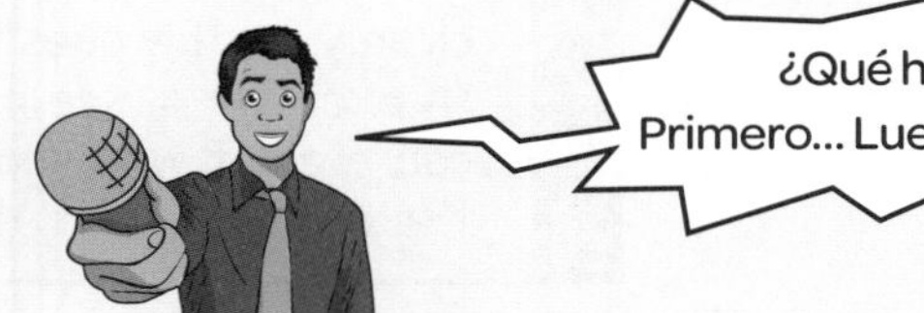

¿Qué haces durante el recreo?
Primero... Luego... Normalmente... A veces...

Use sequencers such as **primero** and **luego** to make your sentences longer and more interesting.

¿Te gusta tu instituto?

- Understanding details about schools
- Using prediction as a listening strategy

LISTENING SKILLS

Con tu compañero/a, mira las fotos y haz una lista de palabras posibles para cada una.
With your partner, look at the photos and make a list of possible words for each one.

Hugo
¿Te gusta el dibujo?

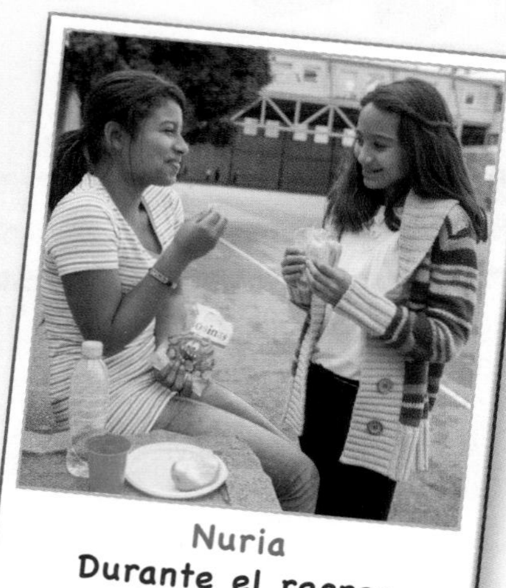

Nuria
Durante el recreo

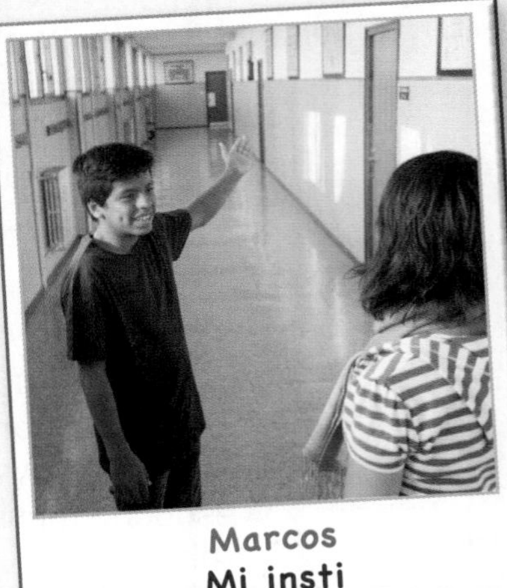

Marcos
Mi insti

SKILLS

Predicting what you will hear

Before you listen, always try to predict what you are going to hear. If you have an idea of the words someone is going to use, you will find it much easier to understand them. Also try looking at pictures and titles to help you predict what you are going to hear.

Escucha. ¿Cuántas palabras adivinaste?
Listen. How many words did you guess?

Escucha otra vez. Copia y completa la tabla en inglés.

1 Hugo **2** Nuria **3** Marcos

	main topic	two details
Hugo		

Con tu compañero/a, lee las frases en inglés. Tradúcelas al español e inventa algo para completar cada frase.
With your partner, read the English sentences. Translate them into Spanish and invent something to complete each sentence.

Ejemplo: **1** Me llamo Alberto. Tengo trece años y vivo en Barcelona.

1 My name is Alberto. I'm 13 years old and I live in ——.
2 I really like science because it's useful and ——.
3 I also like —— because it's easy and quite fun.
4 I don't like Spanish at all because it's ——.
5 My Spanish teacher is strange and very ——.

SKILLS

Using the questions

Sometimes you can predict what you are going to hear by looking closely at the questions. In exercise 4, see if you can predict what goes in the gaps.

Escucha y comprueba tus respuestas.

Con tu compañero/a, juega al 'bip'. Di seis frases de este módulo. En cada frase, haz 'bip' en vez de una palabra. Tu compañero/a adivina la palabra.

With your partner, play 'beep'. Say six sentences from this module. Beep out one word in each sentence. Your partner guesses the word.

Ejemplo:

- **Me encantan las *bip*.**
- **¿Ciencias?**
- **No. No es correcto.**
- **¿Matemáticas?**
- **Sí. Me encantan las matemáticas.**

SKILLS

Predicting while listening

It's also important to predict while you are listening to someone speaking. You can often guess what kind of word they are going to use and sometimes the exact word! In exercise 6, see if you can finish your partner's sentences for them.

Escucha y completa las frases.

SKILLS

Using your listening skills

Use all the skills you have learnt on these pages to complete exercise 7.

- Use the pictures as clues.
- Use the questions to help you predict.
- Try to predict as you are listening.

1. Silvia tiene catorce ▬.
2. Su ▬ es muy moderno.
3. Durante el recreo, come un bocadillo en el ▬.
4. Hay un ▬ y un campo de baloncesto.
5. El ▬ es un poco feo.
6. La biblioteca es ▬.

Elige A, B o C y prepara una presentación en secreto. Tu compañero/a escucha y apunta cinco datos importantes.

Choose A, B or C and prepare a presentation in secret. Your partner listens and notes down five important details.

¿Cómo es tu insti?

- Writing a longer text about your school
- Checking your written work is accurate

WRITING SKILLS

1 Haz una lista de palabras que no escribes correctamente, e inventa una forma de recordarlas.
Make a list of words you don't spell correctly and invent a way to remember them.

Ejemplo:

c clever
i inventors
e endlessly
n note
c crucial
i information
a and
s stuff

> SKILLS
> **Checking your spelling**
> Always check that you have spelt words correctly. Which kind of words do you tend to misspell?
> - Long words (e.g. **matemáticas**)
> - Words with lots of vowels (e.g. **ciencias**)
> - Words that are similar to English words, but spelt differently (e.g. **tecnología**)

2 Busca los dos errores en cada frase.
Look for the two mistakes in each sentence.

1 Estudo español, mathemáticas y francés.

2 En mi institutto hay una classe de informática muy grande.

3 Durente el recreo bebo un zumo y como un bocadilo.

4 Me gustan las cincias porque son interessantes.

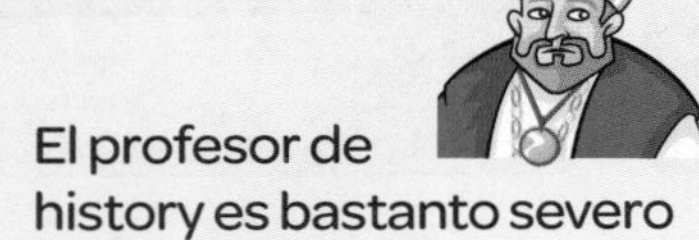

5 El profesor de history es bastanto severo y no es divertido.

6 Primero leo mis SMS y leugo navigo por Internet.

3 Con tu compañero/a, busca tres ejemplos de cada letra en este libro.
With your partner, look for three examples of each letter in this book.

á é í ó ú ñ

4 Busca los siete acentos y la ñ que faltan en este mensaje.
Find the seven missing accents and the missing ñ in this message.

Ejemplo: Perú

Me llamo Cristina y vivo en Lima, en Peru. Mi instituto es grande y me gusta mucho. Estudio matematicas, geografia, ingles, ciencias, informatica, musica, educación física y espanol. Me gustan las ciencias porque son interesantes y el profesor es simpatico, pero no me gusta nada la educación física porque es aburrida.

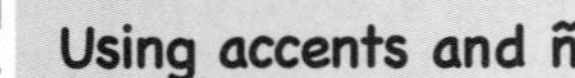

> SKILLS
> **Using accents and ñ**
> - Accents are important in Spanish. They show where the stress falls in a word, e.g. informática, religión.
> - Also make sure you know when to use **ñ** rather than the letter **n**, e.g. español.

Busca los <u>seis</u> errores gramaticales en este SMS.
Find the <u>six</u> grammar mistakes in this text message.

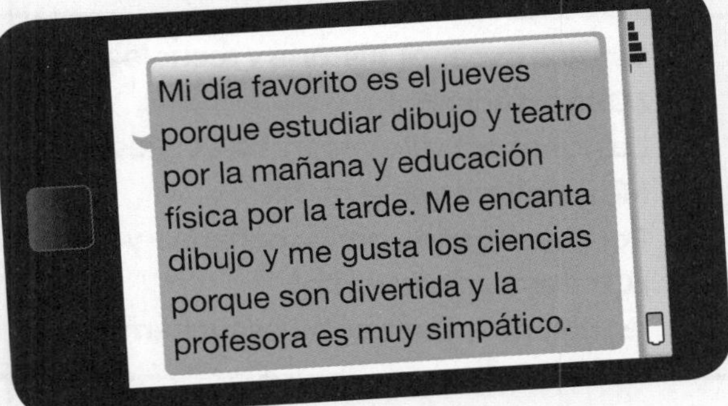

Mi día favorito es el jueves porque estudiar dibujo y teatro por la mañana y educación física por la tarde. Me encanta dibujo y me gusta los ciencias porque son divertida y la profesora es muy simpático.

SKILLS
Checking your grammar

It's also important to check for <u>grammatical accuracy</u>. Always check:

- Verb endings (e.g. estudi**ar**/estudi**o**/estudi**as**)
- Me gust**a**/Me gust**an**
- Definite articles (**el**/**la**/**los**/**las**)
- Indefinite articles (**un**/**una**/**unos**/**unas**)
- Adjectival agreement (e.g. fe**o**/fe**a**/fe**os**/fe**as**)

Lee el texto de Guillermo y haz un mapa mental en inglés.
Read Guillermo's text and make a spider diagram in English.

¡Hola! Me llamo Guillermo, tengo trece años y vivo en la Ciudad de México. Mi instituto se llama 'Ciudad de México'. Es bastante grande.
Hay una clase de informática, un comedor, un gimnasio y una piscina.

Estudio inglés, matemáticas, ciencias, español, informática, geografía y también historia. Me gustan mucho las matemáticas porque son útiles y la profesora es divertida. No me gusta nada el inglés porque es difícil.

Mi día favorito es el jueves porque estudio informática y matemáticas por la mañana y por la tarde, historia.

Durante el recreo, primero juego al fútbol con mis amigos en el campo de fútbol. Luego como algo, una chocolatina o a veces un bocadillo. Normalmente bebo agua. Me gusta el instituto. Es importante estudiar.

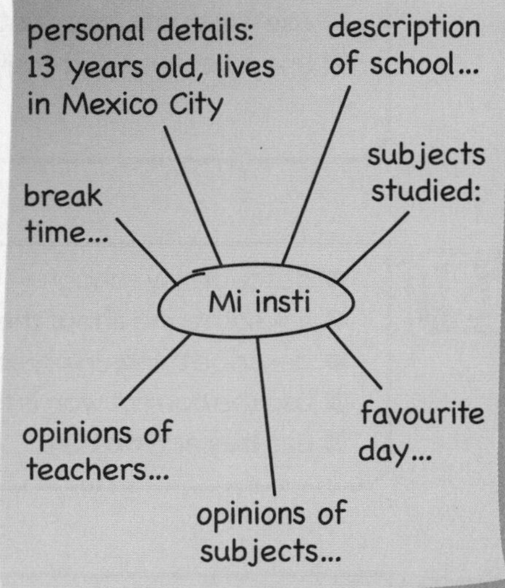

Haz un mapa mental para tu instituto y luego escribe un reportaje. Utiliza el reportaje de Guillermo como modelo.

Comprueba el trabajo de tu compañero/a y da tu opinión.
Check your partner's work and give your opinion.

¡Perfecto! Tu trabajo es correcto.
¡Bravo! Buen trabajo.
¡Vaya! Tienes que mejorar tu trabajo. Hay errores.

SKILLS
Writing better sentences

Make your sentences matter by using:

- connectives (**y, pero, o, también, porque**)
- intensifiers (**muy, bastante, un poco**)
- sequencers (**primero, luego**)
- expressions of frequency (**a veces, normalmente**).

Look at how Guillermo uses these in exercise 6.

I can…

● say what subjects I study	**Estudio español, historia y tecnología.**
● ask someone what they study	**¿Qué estudias?**
● say what I study on different days	**Los lunes estudio geografía e inglés.**
● say what my favourite day is	**Mi día favorito es el martes.**
● give a reason	**Porque estudio… por la mañana… y por la tarde…**
● ask someone what their favourite day is	**¿Cuál es tu día favorito?**
■ use the 'we' form of **-ar** verbs	**estudiamos, cantamos, escuchamos**

● give my opinion about school subjects	**Me gusta el teatro. No me gusta el dibujo.**
● give a reason for my opinion	**porque es interesante/la profesora es severa**
● ask someone's opinion about subjects	**¿Te gusta la historia?**
■ use **me gusta/me gustan** + **el/la/los/las**	**No me gusta la geografía. Me gustan las ciencias.**
■ use adjectives correctly	**El profesor es divertido./La profesora es divertida.**

● describe my school	**En mi instituto hay un patio y una biblioteca.**
● ask someone about their school	**¿Qué hay en tu insti?**
● describe things in my school	**El patio es grande. La biblioteca es moderna.**
■ use the correct words for 'a', 'some' and 'the'	**una piscina, unas clases, el gimnasio**
■ use **hay** and **no hay**	**Hay un campo de fútbol, pero no hay piscina.**

● talk about what I do at break time	**Como o bebo algo. Leo mis SMS.**
● ask someone what they do at break	**¿Qué haces durante el recreo?**
■ use **-er** and **-ir** verbs	**Como un bocadillo. Escribo SMS.**
S use sequencers	**Primero como algo y luego juego al fútbol.**

S use listening strategies:
- predict before listening, using pictures and questions
- predict while listening

S make sure my written work is accurate by:	
– checking spellings and accents	**ciencias, luego, física**
– checking grammar	**Los profesores son aburridos.**

Escucha. Escribe la letra correcta y apunta si la opinión es positiva (P) o negativa (N). (1–6)
Listen. Write the correct letter and note if the opinion is positive (P) or negative (N).

Ejemplo: **1** c, N

a  **b** 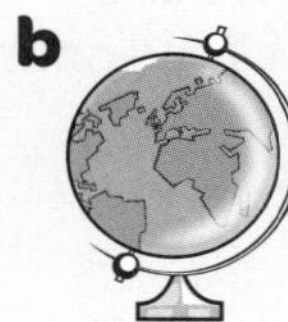 **c**  **d**  **e**  **f** 

Escucha otra vez. Apunta la razón en inglés. (1–6)

Ejemplo: **1** boring

Con tu compañero/a, haz cuatro diálogos.

Ejemplo:
- **¿Qué hay en tu instituto?**
- **En mi instituto hay unas clases y una biblioteca, pero no hay piscina.**

1 

2 

3 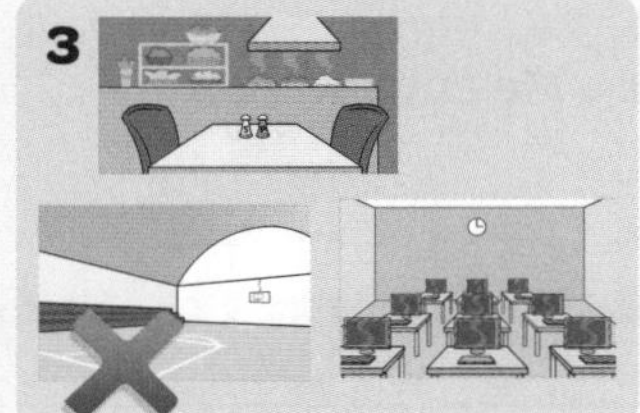

4 ¿Y en tu instituto?

Lee el texto y completa las frases en inglés.
Read the text and complete the sentences in English.

> Me llamo Cristina y vivo en Alicante. Tengo doce años.
>
> En el instituto estudio matemáticas, ciencias, español, informática, geografía y también historia. Estudio inglés, pero no estudio francés.
>
> Mi día favorito es el jueves porque por la mañana estudio español e informática, y por la tarde estudio historia e inglés.
>
> En mi insti hay muchas clases. El patio es grande, pero no hay campo de fútbol. La biblioteca es bastante pequeña.
>
> Durante el recreo hablo con mis amigas y como algo.
>
> Me gusta mi insti. Es guay.
>
> *Cristina*

1. Cristina studies —— subjects in total.
2. She does not study ——.
3. Her favourite day is —— ...
4. ...because she studies Spanish and ICT in the ——.
5. In her school there is a playground, but there is no ——.
6. Her school library is quite ——.
7. At break time she eats something and ——.

Describe tu insti. Utiliza el texto del ejercicio 4 como modelo.

En el instituto estudio... Mi día favorito es... porque...
En mi insti hay... Durante el recreo...

Me gusta/Me gustan

- You use **me gusta/me gustan** (I like...) to say whether you like something.
- You must put the correct definite article (**el**, **la**, **los** or **las**) in front of the noun.
- **Me encanta/Me encantan** (I love...) works in the same way.

singular	**plural**
Me gust**a el/la**...	Me gust**an los/las**...
No me gust**a el/la**...	No me gust**an los/las**...
Me encant**a el/la**...	Me encant**an los/las**...

1 Choose the correct words and complete the sentences.

Example: **1** Me gusta la historia.

1 Me gusta/Me gustan...

2 Me gusta mucho/Me gustan mucho...

3 Me encanta/Me encantan...

4 No me gusta/No me gustan...

5 No me gusta nada/No me gustan nada...

6 ¿Te gusta/¿Te gustan...

?

Adjectives

Adjectives describe nouns. Their endings change to agree with the noun they describe.
Adjectives fall into three main groups. The endings for each group work like this:

	singular		**plural**	
	masculine	**feminine**	**masculine**	**feminine**
ending in -o/-a	divertid**o**	divertid**a**	divertid**os**	divertid**as**
ending in -e	important**e**	important**e**	importante**s**	importante**s**
ending in a consonant	útil	útil	útil**es**	útil**es**

2 Choose an adjective from the box to complete each sentence. There may be more than one answer, but the adjective must agree with the noun. The sentence must be logical!

1. No me gusta nada el inglés porque es ___.
2. Me encantan las matemáticas porque son ___.
3. Me gusta mucho la informática porque es ___.
4. Me gusta el español porque la profesora es ___.
5. El profesor de religión es ___.
6. En mi instituto la piscina es ___.
7. El comedor es ___.
8. Los laboratorios son ___.

antiguo	modernos
pequeña	simpática
fácil	severo
aburrido	interesantes

The definite and indefinite articles

The plural form of **un**/**una** (meaning 'a') is **unos**/**unas** (meaning 'some'):

	singular		plural	
masculine	**un** laboratorio	**a** laboratory	**unos** laboratorios	**some** laboratories
feminine	**una** clase	**a** classroom	**unas** clases	**some** classrooms

Remember, there are also four words for 'the' in Spanish:

	singular		plural	
masculine	**el** laboratorio	**the** laboratory	**los** laboratorios	**the** laboratories
feminine	**la** clase	**the** classroom	**las** clases	**the** classrooms

3 Complete these sentences.

Example: **1** En mi insti hay un patio. El patio es grande.

1 En mi insti hay un patio. ___ patio es grande.

2 En mi insti hay una piscina. ___ piscina es pequeña.

3 En mi insti hay ___. ___ es antigua.

4 En ___. ___ son modernos.

Present tense verbs

There are three groups of verbs in Spanish:

-ar verbs

estudiar	to study
estudio	I study
estudias	you study
estudia	he/she studies
estudiamos	we study
estudiáis	you (plural) study
estudian	they study

-er verbs

comer	to eat
como	I eat
comes	you eat
come	he/she eats
comemos	we eat
coméis	you (plural) eat
comen	they eat

-ir verbs

vivir	to live
vivo	I live
vives	you live
vive	he/she lives
vivimos	we live
vivís	you (plural) live
viven	they live

4 Choose the correct answer.

1 How do you say 'she talks'?
- **a** hablas
- **b** habla
- **c** hablar

2 How do you say 'I shout'?
- **a** gritamos
- **b** gritan
- **c** grito

3 How do you say 'we write'?
- **a** escribimos
- **b** escribir
- **c** escribo

4 How do you say 'they read'?
- **a** leen
- **b** leo
- **c** leer

5 Translate these sentences into Spanish.

1 He drinks water.
2 I read my texts.
3 You (singular) study English.
4 They eat sandwiches.
5 You (plural) dance.
6 We play the guitar.
7 She lives in Madrid.
8 They write.

¿Qué estudias? What do you study?

Estudio...	I study...
ciencias	science
dibujo	art
educación física	PE
español	Spanish
francés	French
geografía	geography
historia	history
informática	ICT
inglés	English
matemáticas	maths
música	music
religión	RE
teatro	drama
tecnología	technology

¿Cuál es tu día favorito? What is your favourite day?

Mi día favorito es el lunes/ el martes.	My favourite day is Monday/Tuesday.
Los lunes/martes estudio...	On Mondays/Tuesdays I study...
¿Por qué?	Why?
Porque...	Because...
por la mañana	in the morning
por la tarde	in the afternoon
estudiamos	we study
no estudio	I don't study

Opiniones Opinions

¿Te gusta el dibujo?	Do you like art?
Sí, me gusta (mucho) el dibujo.	Yes, I like art (a lot).
No, no me gusta (nada) el dibujo.	No, I don't like art (at all).
¿Te gustan las ciencias?	Do you like science?
Sí, me encantan las ciencias.	Yes, I love science.
aburrido/a	boring
difícil	difficult
divertido/a	funny
fácil	easy
importante	important
interesante	interesting
práctico/a	practical
útil	useful

Los profesores Teachers

El profesor/La profesora es...	The teacher is...
paciente	patient
raro/a	odd
severo/a	strict

¿Qué hay en tu insti? What is there in your school?

En mi insti hay...	In my school, there is...
un campo de fútbol	a football field
un comedor	a dining hall
un gimnasio	a gymnasium
un patio	a playground
una biblioteca	a library
una clase de informática	an ICT room
una piscina	a swimming pool
unos laboratorios	some laboratories
unas clases	some classrooms
No hay piscina.	There isn't a swimming pool.

¿Cómo es tu insti? What's your school like?

Es...	It's...	**grande**	big
antiguo/a	old	**horrible**	horrible
bonito/a	nice	**moderno/a**	modern
bueno/a	good	**pequeño/a**	small
feo/a	ugly		

¿Qué haces durante el recreo? What do you do during break?

Como...	I eat...	**Bebo...**	I drink...
un bocadillo	a sandwich	**agua**	water
unos caramelos	some sweets	**un refresco**	a fizzy drink
chicle	chewing gum	**un zumo**	a juice
una chocolatina	a chocolate bar	**Leo mis SMS.**	I read my text messages.
fruta	fruit	**Escribo SMS.**	I write text messages.
unas patatas fritas	some crisps	**Nunca hago los deberes.**	I never do homework.

Expresiones de tiempo Time expressions

normalmente	normally	**primero**	first
a veces	sometimes	**luego**	then

Palabras muy frecuentes High-frequency words

algo	something	**¿Por qué?**	Why?
donde	where	**porque**	because
hay	there is/there are	**también**	also, too
o	or	**tampoco**	nor/neither
pero	but	**y**	and

Estrategia 3

Words that won't go away!

When you learn Spanish in *¡Viva!* you see that some words come up again and again. No matter what you're talking about, they are there all the time. These are 'high-frequency words'. Because they occur so often, they are extremely important. You need to know what they mean.

These *Palabras* pages at the end of each module all contain a selection of high-frequency words. However, there are lots more. Look through the words on these pages and see how many more you can find. Write down what they mean in English. Here are a couple to start you off:

unos
de

La educación

- Reading about the right to education
- Creating an action plan for a school in Guatemala

Zona Cultura

72 million children in the world do not go to school – two-thirds of them are girls. The main reason is poverty. Some places don't have enough money for a school, or children have to go out to work because their families are poor. Sometimes schools are just too far away...

The charity ActionAid believes all children have a right to an education. One part of the world where ActionAid is working with people in poverty is Central America. Some Central American countries (such as Costa Rica and Panama) are wealthy and have good education systems. Other countries, including Guatemala, are poor.

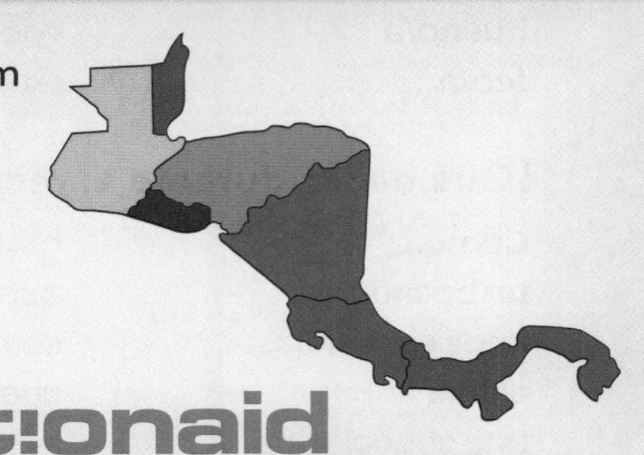

actionaid

Escucha. Copia y completa la tabla. (1–4)

1 Enrique **2** María **3** César **4** Alejandra

	vive en… (✓/✗)	va al colegio (✓/✗)	no va al colegio (✓/✗)
Enrique			

voy	*I go*
va	*he/she goes*
el colegio	*school that covers both primary and secondary age groups*
en mi pueblo	*in my village*
está demasiado lejos	*it's too far away*

Lee los textos. Apunta los detalles en inglés.

- Name
- Age
- How ActionAid helped the school
- Other details

nuevo/a *new*

a

Me llamo Virginia y tengo trece años. En el colegio ahora tenemos cuatro computadoras gracias a ActionAid. Usamos las computadoras en clase y me gusta mucho.

b

Me llamo Marta y tengo nueve años. Gracias a ActionAid tenemos ocho clases nuevas y ahora es fácil estudiar.

c

Me llamo Edgar y tengo ocho años. Gracias a ActionAid tenemos un colegio. En el colegio cantamos y estudiamos los números y las letras. Me gusta jugar al fútbol en el patio del colegio.

SKILLS

Using reading strategies

Use the reading strategies you have learnt to help you tackle these texts.

- Look for cognates and near-cognates.
- Use the context to help you.
- Look at the photos for clues.

¿Qué necesitan los niños en el colegio? Escucha y escribe la letra correcta. (1–8)
What do the children need at school? Listen and write the correct letter.

cada niño *every child*

a un lápiz y un cuaderno para ocho niños

b un bloc de dibujo y lápices de colores para diez niños

c una pizarra

d una mesa y una silla

e materiales para deportes

f una tablet para estudiar

g un servicio de agua potable

h una clase nueva

Escribe tu opinión sobre los objetos del ejercicio 3.
Write your opinion of the objects in exercise 3.

Ejemplo: **a** En mi opinión tener un lápiz y un cuaderno para ocho niños es muy importante.

no es importante — es útil — es importante — es muy importante

Trabaja en un grupo de cuatro personas. Cada persona da tres opiniones. Las otras personas hacen comentarios.
Work in a group of four people. Each person gives three opinions. The others make comments.

- ● **En mi opinión, tener… es muy importante.**
- ■ **Sí, es verdad.**
- ▲ **¡Ni hablar! ¿Estás loco/loca?**
- ◆ **Tener… es muy importante.**
- ▲ **Tener… es más importante.**

más importante *more important*

Vas a equipar un colegio en Guatemala. ¿Qué material se necesita? En tu grupo de cuatro, haz un plan.
You are going to equip a school in Guatemala. What equipment does it need? In your group of four, make a plan.

Imagine you have a budget of $10 000 to improve the school.

- Work in a group to decide what to spend the money on.
- What are the most important things to buy for the school?
- Create an 'action plan' of how the school will look once it is finished.
- Label the new facilities and equipment in Spanish.
- Produce a list in Spanish showing what you spent on each item and the total cost.

Mi familia y mis amigos

1. Penélope Cruz tiene:

   a un hermano
   b una hermana
   c un hermano y una hermana

2. Penélope Cruz y Javier Bardem son actores. Tienen un hijo que se llama:

   a Leo
   b Iker
   c Theo

Families are getting smaller in Spain and Latin America, and people are waiting longer to have children. The estimated average number of children per family in four Spanish-speaking countries is:

Spain 1.4
Mexico 2.4
Bolivia 3.5
Chile 1.9

Source: data.un.org

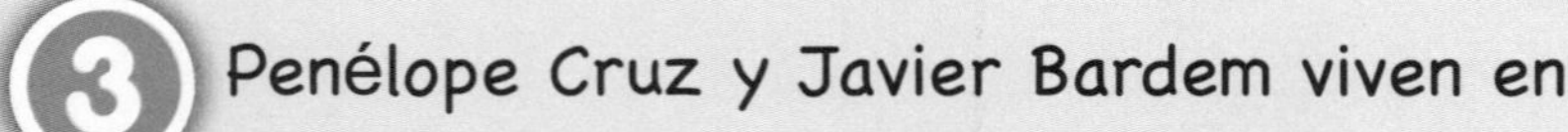

3. Penélope Cruz y Javier Bardem viven en:

   a Los Angeles
   b Madrid
   c Barcelona

4 ¿Quién vive aquí?

a Lady Gaga
b Xabi Alonso
c La Familia Real de España

el Palacio Real de Madrid

5 ¿Te gustan estas casas? ¿Sí o no? ¿Por qué?

a la casa ecológica de botellas en Argentina

b la Casa del Guarda del parque Güell en Barcelona

c la casa en un árbol en Costa Rica

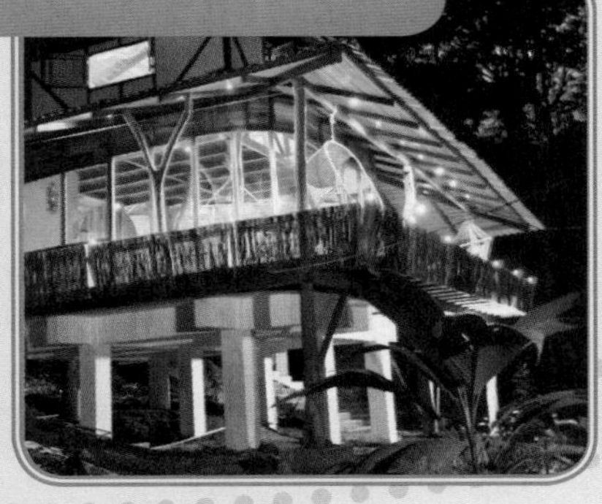

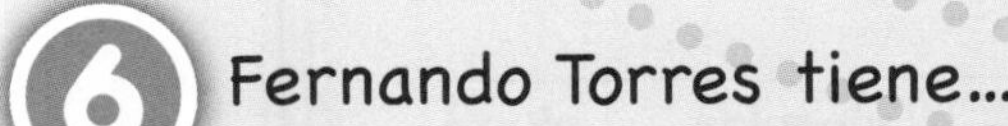

6 Fernando Torres tiene...

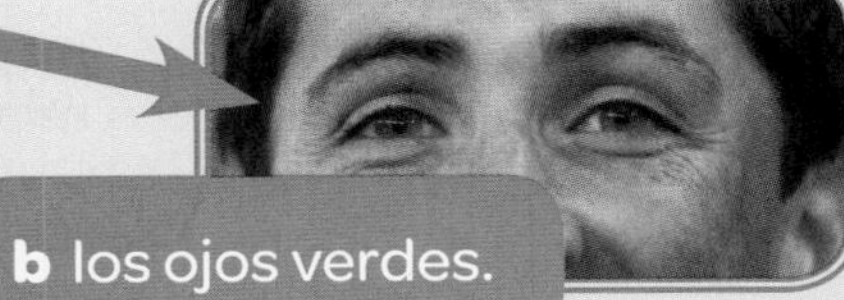

a los ojos azules.

b los ojos verdes.

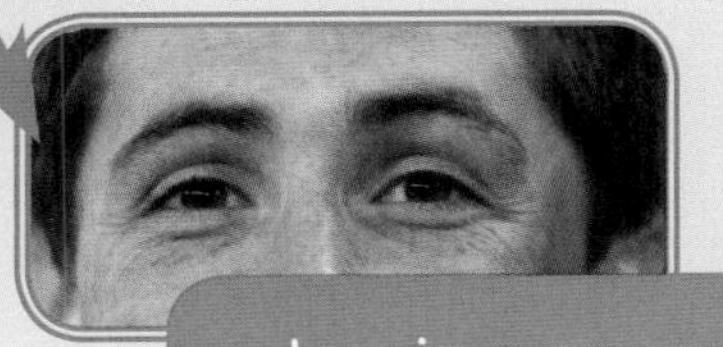

c los ojos marrones.

It is a common stereotype that all Spanish people have dark hair and dark eyes, but many Spanish people have blond or red hair and blue or grey eyes.

¿Cuántas personas hay en tu familia?

- Describing your family
- Using possessive adjectives

Escucha y lee.

¡Hola! Me llamo Tray. Tengo doce años y vivo en Malibú.

Mis padres son muy famosos. **Mi madre** se llama Carolina. Tiene treinta y ocho años. **Mi padre** se llama Spencer y tiene cincuenta años.

Tengo **una hermana** y **un hermanastro**. Se llaman Violeta y Knox.

Mi abuelo tiene setenta y un años y **mi abuela** tiene setenta y dos. ¡**Mi bisabuela** tiene noventa años!

Mi tío Jaime tiene cuarenta años y **mi tía** Jennifer tiene cuarenta y tres años. **Mis primos** se llaman Madison y Tyler. **Mi prima** Kiki tiene catorce años.

Busca estas palabras en español en el ejercicio 1.

1 my mother
2 my father
3 my uncle
4 my cousins (male)
5 my grandfather
6 my grandmother
7 my aunt
8 my great-grandmother
9 my cousin (female)
10 my parents

Gramática

The words for 'my' and 'your' are different depending on whether the noun is singular or plural.

	singular	**plural**
my	mi	mis
your	tu	tus
his/her	su	sus

mi padre — my father
mis hermanas — my sisters

>> p90

Juego de memoria. Con tu compañero/a, contesta en lugar de Tray.
Memory game. with your partner, answer for Tray.

Ejemplo:
● **¿Cómo se llama tu hermana?**
■ **Se llama…**

■ **¿Cómo se llaman tus padres?**
● **Se llaman…**

4 Copia y completa la tabla.

veinte	
	thirty
	forty
	fifty
sesenta	
	seventy
ochenta	eighty
	ninety
cien	

Use your knowledge of the numbers 1–10 to work out the higher numbers, e.g. **ocho** (eight) → ***ochenta*** (eighty). You will find them all in the text in exercise 1!

5 Escucha. Copia y completa la tabla. (1–6)

persona	edad
padre	50

6 Con tu compañero/a, describe a estas dos familias.

- **¿Cuántas personas hay en tu familia?**
- **En mi familia hay... personas. Mi... se llama... y tiene... años.**

7 Escucha y canta. Pon los dibujos en el orden de la canción.
Listen and sing. Put the pictures into the order of the song.

Ejemplo: c, ...

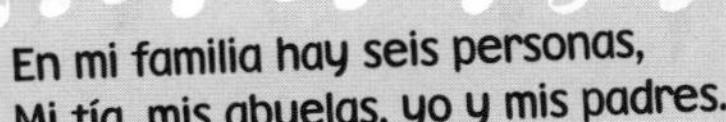

En mi familia hay seis personas,
Mi tía, mis abuelas, yo y mis padres.

Mi abuela Valeria toca la batería.
Los jueves baila tango en la cafetería.

Mi tía favorita es tía Trini.
Monta en bici y juega a la Wii.

Mi padre tiene sesenta años.
Baila flamenco y habla con sus amigos.

Mi madre, Sara, saca fotos con su cámara.
Tiene cuarenta años y canta ópera.

Mi bisabuela Mía escucha música.
Los lunes hace yoga. ¡Es fanática!

Mi familia es rara, pero a mí me gusta.
¿Cuántas personas hay en tu familia?

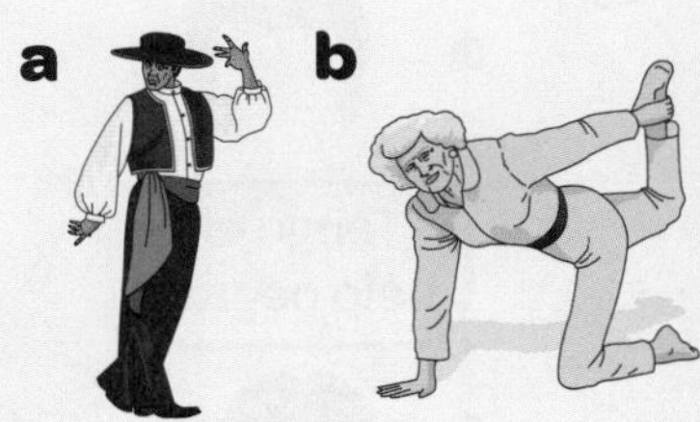

8 Eres miembro de una familia famosa. Describe a tu familia.
You are a member of a famous family. Describe your family.

Me llamo Brooklyn Beckham. En mi familia hay... personas.
Mi padre se llama...

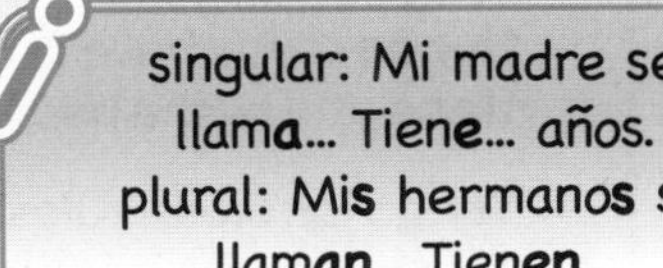

singular: Mi madre se llam**a**... Tien**e**... años.
plural: Mi**s** hermano**s** se llam**an**... Tien**en**...

¿De qué color tienes los ojos?

- Describing your hair and eye colour
- Using the verbs **ser** and **tener**

1 ESCUCHAR **Escucha y escribe la letra o letras correcta(s). (1–4)**

¿De qué color tienes los ojos?

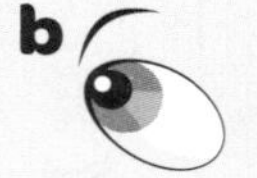

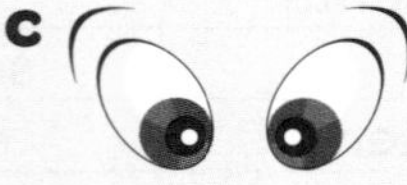

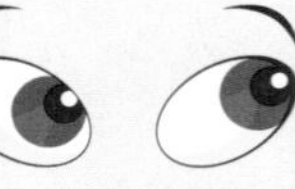

a Tengo los ojos azules.
b Tengo los ojos grises.
c Tengo los ojos marrones.
d Tengo los ojos verdes.
e Llevo gafas.

2 HABLAR **Con tu compañero/a, pregunta y contesta.**

Ejemplo:
- **Tengo los ojos verdes. ¿Quién soy?**
- **Eres…**

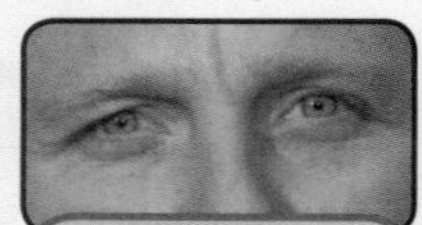
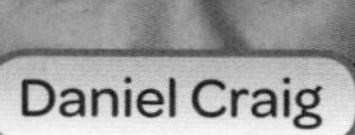

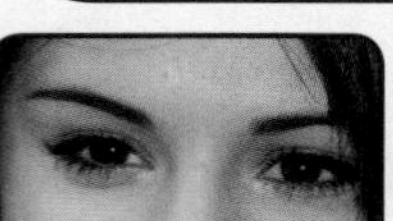
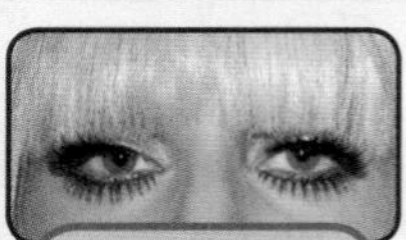

Daniel Craig | Kristen Stewart | Johnny Depp | Selena Gomez | Lady Gaga

Pronunciación

Remember, **l** is similar to English: **l**os ojos, e**l** pe**l**o
ll is a 'y' sound: me **ll**amo, **ll**evo

3 ESCUCHAR **Escucha y escribe la letra correcta. (1–10)**

¿Cómo tienes el pelo?

a Tengo el pelo negro.
b Tengo el pelo rubio.
c Tengo el pelo castaño.
d Tengo el pelo azul.
e Soy pelirrojo/a.

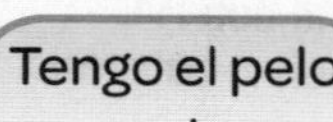

f Tengo el pelo liso.
g Tengo el pelo rizado.
h Tengo el pelo largo.
i Tengo el pelo corto.
j Soy calvo.

Gramática

Tener and ser are very useful irregular verbs.
Learn how to use them to talk about yourself and other people.

tener	to have			**ser**	to be		
tengo	I have	**tenemos**	we have	**soy**	I am	**somos**	we are
tienes	you have	**tenéis**	you (plural) have	**eres**	you are	**sois**	you (plural) are
tiene	he/she has	**tienen**	they have	**es**	he/she is	**son**	they are

Tengo los ojos azules y **soy** pelirrojo. I have blue eyes and I am a redhead.
Tiene sesenta años y **es** calvo. He is sixty years old and bald.

>> p91

Con tu compañero/a, elige a uno de los personajes. Describe las dos fotos.
With your partner, choose one of the people. Describe both photos.

- En esta foto, Katy Perry tiene...
- Pero en esta foto, tiene...

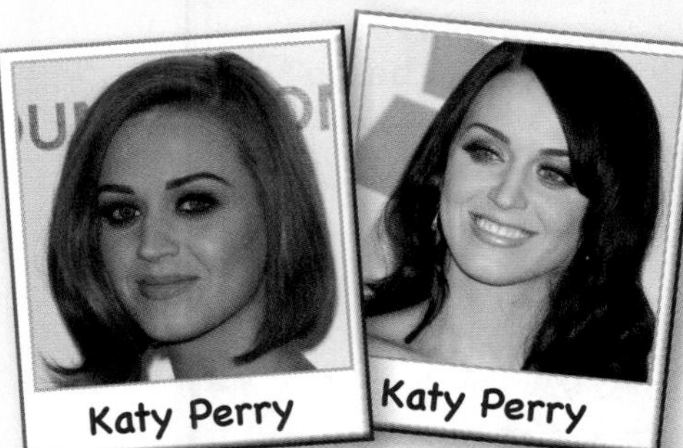

Gramática

In Spanish most adjectives come **after** the word they are describing.

Tengo el pelo **rubio, corto y liso.**
I have short, straight, blond hair.

>> p90

¿Cómo es la familia de Alma? Copia y completa la tabla. (1–3)

1 Carlota **2** José **3** Ricardo

name	hair	eye colour	other details
Carlota	brown,		

Lee las descripciones. Escribe el nombre correcto para cada dibujo.

Se llama Rafael. Tiene diecinueve años. Tiene el pelo rubio y liso y los ojos verdes. Es inteligente, simpático y además, muy, muy guapo. Canta en el grupo 'Supergenial' y es fenomenal.

Tiene veinte años y se llama Emiliano. Tiene el pelo negro y lleva gafas. Es muy divertido y además, toca muy bien la guitarra. ¡Es guay!

Se llama Angelina y tiene veintiún años. Tiene el pelo rubio y los ojos grises. Es una chica muy interesante y además, toca la batería.

a

b

c

ademàs *also, in addition*
guapo/a *good-looking, attractive*

Rellena una ficha en inglés para cada miembro del grupo.
Fill in a form for each member of the band in English.

Name	
Age	
Appearance	
Personality	
Role in group	

Inventa otro miembro del grupo 'Supergenial'. Escribe su descripción.
Invent another member of the band 'Supergenial'. Write his or her description.

Se llama... Tiene... años. Tiene el pelo... y los ojos... Es...

¡3! ¿Cómo es?

- Saying what other people look like
- Using verbs in the third person

1 Empareja los nombres con las descripciones.

Ejemplo: **1** Manuel el Cruel

el bigote	*moustache*
las pecas	*freckles*
la barba	*beard*

1 Es muy **alto**. Tiene los ojos azules y tiene el pelo largo y liso. Tiene un bigote. No es muy simpático.
2 Es bastante **joven** y es pelirrojo. Tiene el pelo corto. Lleva gafas y también tiene pecas.
3 Es **bajo** y no es muy **guapo**. Tiene el pelo corto y negro, los ojos marrones y una barba roja.
4 Es **delgada** y muy **guapa**. Tiene el pelo largo, rubio y rizado. Tiene los ojos grises. Es la capitana.
5 Es negro, tiene los ojos verdes, es **viejo** y también muy **gordo**.
6 Es calvo, tiene una barba negra enorme y un ojo verde. Es terrible. Es muy **feo**.

2 Escucha y comprueba tus respuestas.
Listen and check your answers.

3 Busca estas frases en el ejercicio 1.

1 He is very tall.
2 He is quite young.
3 He is short and not very attractive.
4 She is slim and very attractive.
5 He is old and also very fat.
6 He is very ugly.

Gramática

Adjectives must agree with the nouns they describe.

Manuel el Cruel es alto.
Daniela es guapa.
Los piratas son feos.

>> p90

4 Con tu compañero/a, describe a estos piratas.

Ejemplo:
● **Carolina la Cruel es muy gorda. Tiene el pelo...**

Pronunciación

Two vowels together are called diphthongs. Say them one after the other, applying what you already know about vowels, and you will get them right!

cr**ue**l   g**ua**pa   t**ie**ne

5 Escucha. ¿Verdadero o falso? Escribe V o F. (1–5)

1 Su mejor amigo es bastante delgado y bastante simpático.
2 Su mejor amiga es muy guapa y muy alta.
3 Su mejor amigo es un poco gordo.
4 Su mejor amiga es muy baja y también muy delgada.
5 Su mejor amigo es muy feo, muy gordo y muy bajo, y también muy inteligente.

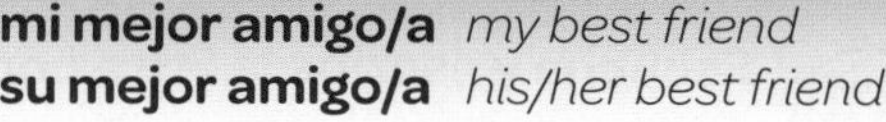

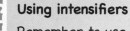

mi mejor amigo/a *my best friend*
su mejor amigo/a *his/her best friend*

SKILLS

Using intensifiers

Remember to use these intensifiers:

- **muy** very
- **bastante** quite
- **un poco** a bit

6 Lee el texto. Escribe el nombre correcto.

Hola, me llamo Ray y tengo veinticinco años.
Somos seis en mi familia: mi madre, mi padre, mis dos hermanos, mi hermana y yo. Somos de Ecuador, pero vivimos en Nueva York. Somos acróbatas en 'Zarkana', una ópera de rock acrobática.

Mi madre se llama Elizabeth Vélez. Es muy guapa y bastante alta, pero no es acróbata. Mi padre Roberto tiene cincuenta y dos años. Es bastante bajo. Es muy guapo (como yo).

Mis hermanos se llaman Rudy y Rony. Rudy tiene veintinueve años. Es bastante alto. Tiene el pelo corto y negro y los ojos marrones. Rony es joven, pero tiene barba. También tenemos una hermana, Reyna. Es bastante alta, muy delgada y muy guapa, como mi madre.

como yo *like me*

¿ Quién...
1 tiene veinticinco años?
2 no es acróbata?
3 es bastante bajo?
4 es bastante alto?
5 tiene barba?
6 es muy delgada y muy guapa?

7 Describe a una de estas familias. Utiliza el texto del ejercicio 6 como modelo.

La familia Jaja

La familia de Sangre

SKILLS

Using verbs

Think carefully about which part of the verb you need. For example:

My sister and I = **we**
Mi hermana y yo **somos**...

My brothers = **they**
Mis hermanos **son**...

el payaso/la payasa *clown*
el vampiro/la vampira *vampire*

¿Cómo es tu casa o tu piso?

- Describing where you live
- Using the verb **estar** (to be)

1 Escucha y escribe la letra correcta para cada persona. (1–6)

a

Vivo en una casa bonita.
Está en la montaña.

b

Vivo en una casa antigua.
Está en un pueblo.

c

Vivo en un piso cómodo.
Está en una ciudad.

d

Vivo en un piso pequeño.
Está en la costa.

e

Vivo en una casa grande.
Está en el campo.

f

Vivo en una casa moderna.
Está en el desierto.

Gramática

When you are talking about location (where something is), you use the verb estar for 'to be.' This verb is irregular.

estoy	I am
estás	you are
está	he/she/it is
estamos	we are
estáis	you (plural) are
están	they are

¿Dónde está?
Where is it?
Está en el campo.
It's in the countryside.

>> p91

Zona Cultura

In most major Spanish cities, you will see many more flats than houses. Houses in the north of Spain can look very different from houses in the south. The north is green and lush and it rains a lot. The south is sunny and can be very hot, so houses are often painted white to reflect the heat.

2 Con tu compañero/a, tira un dado tres veces y haz diálogos.
With your partner, throw a die three times and make up dialogues.

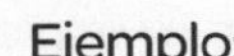

Ejemplo:   

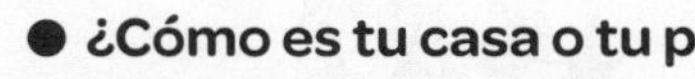
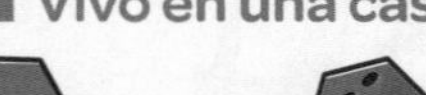
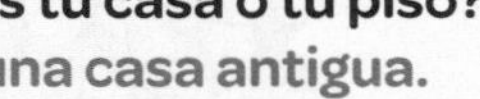

- ¿Cómo es tu casa o tu piso?
- ■ Vivo en una casa antigua.

- ¿Dónde está?
- ■ Está en el campo.

Throw 1						
Throw 2	bonito/a	moderno/a	cómodo/a	pequeño/a	antiguo/a	grande
Throw 3						

Escucha y apunta los datos. (1–5)

Ejemplo: **1** piso – ciudad – oeste – me gusta mucho – muy grande

norte
sur
este
oeste
centro

Lee los textos y completa las frases.

Arturo: Vivo en una casa grande que está en el campo. Está en el norte de España. Me gusta mucho mi casa porque es muy, muy cómoda.

Rosa: Vivo en un piso moderno con mi familia. El piso es bastante grande y está en la costa de Cádiz. Me gusta mucho porque me encanta hacer natación en el mar.

Irene: Vivo en una casa antigua. La casa es bonita, pero no me gusta mucho porque está en la montaña y es un poco aburrido.

Jesús: Vivo en una casa pequeña con mi padre, mi madrastra y mi hermanastra. Está en un pueblo y me gusta mucho vivir aquí porque hay una piscina.

1 Arturo vive en una ▬ en el campo.
2 Le gusta su casa porque es muy ▬.
3 Rosa vive en un piso moderno con su ▬.
4 Le gusta porque está ▬.
5 Irene vive en una casa ▬.
6 Para Irene, vivir en la montaña es ▬.
7 Jesús ▬ con su padre, su madrastra y su hermanastra.
8 En el pueblo donde vive hay ▬.

madrastra *stepmother*

Elige una foto y haz una presentación.

Málaga – sur – España

Oviedo – norte – España

La Paz – centro – Bolivia

Say:

- what type of building you live in (use your imagination!)
- whether it is in the town, by the coast, in the mountains, etc.
- which country it is in and whether it is in the north, south, etc.
- who you live with
- whether you like living there and why (not)

Ejemplo:

Vivo en (un piso moderno). Está en (una ciudad).
Está en... en (el norte de...)
Vivo con (mi madre y...)
Me gusta / No me gusta (mi piso) porque es...

Eres muy famoso y tienes mucho dinero. Escribe un tuit describiendo donde vives. (máximo 140 caracteres)

You are very famous and have a lot of money. Write a tweet describing where you live. (140 characters maximum)

El carnaval en familia

- Reading about the carnival in Cadiz
- Looking up new Spanish words in a dictionary

Empareja estas palabras con los dibujos. Utiliza el minidiccionario. Añade el/la/los/las.

Match these words to the pictures. Use the mini-dictionary. Add el/la/los/las.

Ejemplo: **1** la mariposa

desfile | calle | mariposa | fuegos artificiales | mariscos | coro

SKILLS

Looking up nouns

Only use a dictionary as a last resort. Look for cognates/near-cognates first, or try to work out new words from the context.

In a dictionary, nouns are listed in the singular form. For example:

padrastro *nm* stepfather — masculine noun

canción *nf* song — feminine noun

If you come across a noun that is plural, take **-s** or **-es** off the word before looking it up.

1 

2 

3 

4 

5 

6

SKILLS

Looking up adjectives

In a dictionary, adjectives are listed in the masculine singular form. For example:

disfrazado *adj* disguised, in fancy dress — adjective

Busca seis adjetivos. Escríbelos en inglés. Utiliza el minidiccionario si es necesario.

Find six adjectives. Write them in English. Use the mini-dictionary if necessary.

locaimpresionanteestupendoruidosodisfrazadosemocionante

Escribe los infinitivos de estos verbos y búscalos en el minidiccionario.

Write down the infinitive of these verbs and look them up in the mini-dictionary.

andamos | dura | participan | corremos | salimos | llegáis

SKILLS

Looking up verbs

Verbs are listed in the infinitive (ending in **-ar**, **-er** or **-ir**). For example:

durar *v* to last — verb. You might also see *vi* or *vt*.

Escucha y lee.

A mi abuela le gusta el Carnaval de Cádiz porque es emocionante y le gusta hacer disfraces para sus nietos.

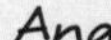

Me gusta muchísimo el Carnaval de Cádiz porque me encanta el desfile y me gusta comer mariscos, sobre todo erizos.

Sonia

Me gusta porque el Carnaval dura diez días. Hay coros y grupos de personas que tocan instrumentos. Mi madrastra toca la guitarra y canta canciones.

Mateo

A mi padrastro no le gusta nada el Carnaval de Cádiz porque es ruidoso y caótico y no le gustan nada los fuegos artificiales.

Ignacio

Lee los textos otra vez y, con tu compañero/a, busca las palabras en naranja en el minidiccionario.
Read the texts again and, with your partner, find the words in orange in the mini-dictionary.

Lee los textos otra vez. Contesta a las preguntas.

Who...

1 thinks the carnival is noisy?
2 likes making costumes?
3 likes eating sea urchins?
4 doesn't like the fireworks?
5 sings songs as part of the carnival?
6 likes going out in fancy dress with her family?

Lee el texto. Busca las palabras.

El Carnaval de Cádiz es música, color y fantasía, pero además, es historia y tradición.

Es una fiesta divertida para toda la familia.

Los niños salen a la calle. Les encanta representar personajes e imaginar aventuras. Hay princesas y piratas, animales y mariposas, héroes favoritos y vampiros que bailan y participan en la fiesta. A veces, una familia elige un tema y salen disfrazados la madre, el padre y los hijos todos juntos.

a Four words that you knew already.
b Four new words that you can work out without using a dictionary.
c Four words that you needed to look up in a dictionary.

Escribe en inglés una descripción del Carnaval de Cádiz para un sitio web turístico.
In English, write a description of the Cadiz carnival for a tourist website.

Autorretrato

- Creating a video about yourself
- Planning and giving a presentation

SPEAKING SKILLS

1 Escucha y lee.

¡Hola! Me llamo Marcos y tengo doce años. Soy bastante alto. Tengo el pelo castaño y los ojos marrones. Soy simpático, bastante inteligente y además, muy guapo.

Vivo en La Paz, en un piso moderno. Me gusta mucho porque es muy grande. La Paz está en la montaña, en el oeste de Bolivia, y me encanta porque es una ciudad bonita. Me gusta mucho vivir aquí. Es genial.

En mi familia hay cuatro personas. Vivo con mi padre, mi madre y mi hermana Daniela. Mi madre se llama Laura. Es guapa y muy inteligente. Tiene cuarenta y tres años. Mi padre se llama Antonio. Tiene cincuenta y dos años. Es inteligente y también muy simpático.

Mi hermana tiene catorce años. Tiene los ojos marrones y el pelo largo. Es delgada, pero no es muy alta.

Mi perro se llama Ricky. Es negro y muy gordo, y come mucho. Es muy divertido.

¿Y tú? ¿Cómo eres?

Hasta luego.

2 Lee el texto del ejercicio 1 otra vez y pon estas fotos en el orden correcto.
Read the text from exercise 1 again and put these photos in the correct order.

a 
b 
c 
d 
e 
f 
g 

3 Escribe tu descripción. Utiliza el texto del ejercicio 1 como modelo.

Include:
- your name and age
- what you are like
- where you live and where it is exactly
- whether you like living there and why (not)
- what your home is like
- who you live with and what they are like.

SKILLS

Writing a description

Write your answers out in full to begin with. Stick to language you know, and try to include:
- connectives (such as **y, porque**)
- intensifiers (such as **muy, bastante**)
- adjectives (such as **simpático**)
- opinions (such as **me encanta**...)

SKILLS

Giving a presentation

When you give a presentation, try to speak from notes (not a full written version of what you want to say). This will help you to sound more natural. Put key words and visual prompts on a card, like this:

= Me llamo David. Tengo doce años. Soy muy simpático y bastante inteligente. Tengo los ojos azules y el pelo castaño, corto y rizado. Vivo en Newcastle, en una casa grande...

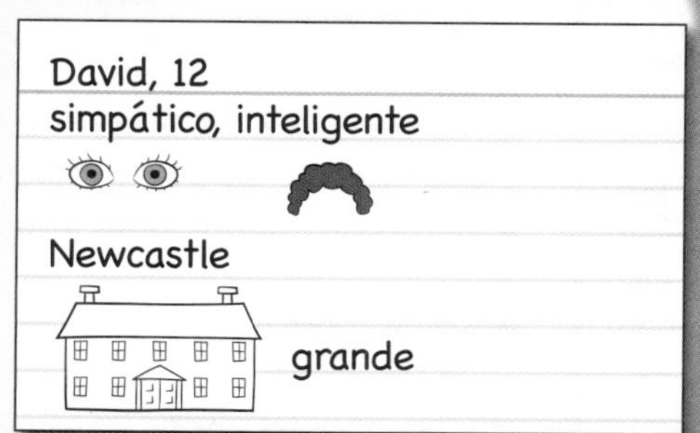

Con tu compañero/a, mira esta tarjeta. ¿Qué va a decir esta persona?

With your partner, look at this cue card. What is this person going to say?

- **Me llamo Lara. Tengo trece años. Soy bastante...**

Lara
13 – baja– delgada
simpática, lista, generosa
cómoda, moderna
Alicante – costa
familia – 3
madre – María – baja, delgada, ~~severa~~ – 38
hermano – Tadeo
15 – inteligente, simpático
– Ulises, 5

Escucha y comprueba tus respuestas.

Utiliza tu descripción del ejercicio 3 y haz tu tarjeta para una presentación.

Use your description from exercise 3 and make yourself a cue card for a presentation.

Cuidado con la pronunciación. Con tu compañero/a, repite estas palabras.

Be careful with your pronunciation. With your partner, repeat these words.

ojos | pequeño | verde | azul | llevo | pelo | guapa | tiene

Haz tu presentacíon con tu compañero. Tu compañero/a escucha y comprueba:

Deliver your presentation to your partner. Your partner listens and checks:

	✓✓✓ perfecto	✓✓ bravo	✓ bien
pronunciation			
volume			
fluency			
confidence			

SKILLS

Rehearsing your presentation

- Practise in front of a mirror, or your family or friends.
- Record yourself and listen. How do you sound? Loud enough? Interesting enough?
- Check your pronunciation is accurate.
- Practise over and over, until you sound clear and feel confident.

Comenta el trabajo de tu compañero/a.

Comment on your partner's work.

☆☆☆ = ¡Fenomenal!
☆☆ = ¡Bravo! Buen trabajo.
☆ = ¡Vaya! Tienes que mejorar tu pronunciación/hablar más alto.

más alto *louder*

● say how many people there are in my family	**En mi familia hay cuatro personas.**
● give information about family members	**Mi padre se llama Jorge. Tiene cuarenta y dos años.**
● count up to 100	**treinta, cuarenta, cincuenta, sesenta, setenta, ochenta, noventa, cien**
■ use possessive adjectives correctly	**mi madre, mis hermanos, tu padre, sus hermanas**

● ask what colour eyes someone has	**¿De qué color tienes los ojos?**
● ask what someone's hair is like	**¿Cómo es tu pelo?**
● Describe my hair and eyes	**Tengo el pelo negro. Tengo los ojos azules.**
■ use the irregular verbs **tener** and **ser**	**Tiene el pelo largo y liso. Es divertido.**
■ use adjectives after nouns	**Tengo el pelo corto y rizado.**
S use a range of connectives	**y, o, pero, también, además**

● describe other people	**Es bajo y delgado. Tiene los ojos azules.**
■ making adjectives agree	**Daniela es guapa. David es guapo.**
S use intensifiers	**muy, bastante, un poco**

● ask someone what their home is like	**¿Cómo es tu casa o tu piso?**
● say what my home is like	**Vivo en un piso moderno/una casa bonita.**
● ask someone where their home is	**¿Dónde está?**
● say where it is	**Está en una ciudad, en el norte.**
● say who I live with	**Vivo con mi madre y mi padre.**
S use the verb **estar** to describe location	**Está en la montaña.**

S use a dictionary to look up:	
– nouns	**mariposa, calles, canción**
– adjectives	**disfrazado, emocionantes**
– verbs	**corremos, participan, dura**

S give an effective presentation, by:	
– using prompts on a card	
– using correct pronunciation	**camello, zorro, pequeño**
– speaking clearly and confidently	

Escucha y completa las frases.

1 Laura lives in a ▬ by the seaside.
2 In her family, there are ▬ people.
3 Her ▬ is 40 years old.
4 Her brother Gabriel is very ▬ and quite intelligent.
5 Her sister Ana has ▬ eyes.
6 She also has long, ▬ hair.

Con tu compañero/a, pregunta y contesta.

Ejemplo:

● **¿ Cómo es tu pelo?**
■ **Tengo...**
● **¿De qué color tienes los ojos?**
■ **Tengo...**
● **¿Cómo es tu padre o tu madre?**
■ **Mi (madre/padre) es... /tiene...**
● **¿Cómo es tu piso o tu casa?**
■ **Vivo en un/una...**
● **¿Dónde está?**
■ **Está...**

Mira los dibujos. ¿Quién es? ¿Nuria o Jorge? Escribe N o J.

Ejemplo: **a** N

¡Hola! Me llamo Nuria.
Soy alta y delgada y tengo el pelo negro y los ojos azules.
Soy simpática y soy muy divertida.
Vivo en Vigo, en una casa antigua.
Me gusta mucho porque es muy grande.
En mi familia hay tres personas: mi madre, mi hermana y yo.
Mi hermana tiene los ojos verdes y el pelo negro. Tiene catorce años.

¡Hola! Me llamo Jorge.
Soy bajo y un poco gordo. Soy pelirrojo y tengo los ojos marrones.
Soy muy divertido y bastante listo.
Vivo en Barcelona, en un piso moderno.
No me gusta mucho porque no es cómodo.
En mi familia hay cinco personas: mi madre, mi padre, mis dos hermanos y yo.
Mi madre tiene los ojos verdes y el pelo rubio. Es muy guapa.

a 
b 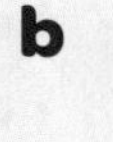 
c 
d  
e 
f  
g  
h 

¿Qué dice Miranda? Escribe su descripción.
What does Miranda say? Write her description.

Ejemplo:
¡Hola! Me llamo Miranda. Tengo los ojos...

ojos = marrones – pelo = rubio
Madrid – casa – grande
familia – 4 personas: madre, padrastro, hermanastro
hermanastro: Tomás, alto, simpático

Possessive adjectives

Possessive adjectives are the words for 'my', 'your', 'his', 'her', etc.
These words agree in number with the noun they are describing:

	singular	plural
my	**mi** hermano	**mis** hermanos
your	**tu** hermano	**tus** hermanos
his/her	**su** hermano	**sus** hermanos

1 Choose the correct possessive adjective.

1 Mi/Mis padres son muy famosos. **2** Mi/Mis madre se llama Valeria. Tiene cuarenta y ocho años. **3** Mi/Mis padre se llama Toni y tiene cincuenta años. **4** Mi/Mis hermana se llama Vera y **5** mi/mis hermanastros se llaman Kevin y Kelly.

2 Rewrite the text in exercise 1 in the he/she form.

Example: Sus padres son...

Adjectives

Adjectives describe nouns. Their endings change to agree with the noun they describe.
Adjectives fall into three main groups:

- ending in **-o** or **-a**
- ending in **-e**
- ending in a consonant.

	singular		plural	
	masculine	**feminine**	**masculine**	**feminine**
ending in -o	pequeñ**o**	pequeñ**a**	pequeñ**os**	pequeñ**as**
ending in -e	inteligent**e**	inteligent**e**	inteligent**es**	Inteligent**es**
ending in a consonant	azul	azul	azul**es**	azul**es**

Note: **joven** (young) adds an accent in the plural to keep the same sound: **jóvenes**.

3 Describe this family of criminals. Make sure your adjectives match the person you are talking about.

Example: Víctor el Violento tiene el pelo rubio y...

Víctor el Violento

Fabiana la Fea

Miguel el Malo y Tadeo el Terrible

Irregular verbs

Tener (to have) is a useful irregular verb. It follows the pattern below:

tengo	I have	**tenemos**	we have
tienes	you have	**tenéis**	you (plural) have
tiene	he/she has	**tienen**	they have

4 Unjumble these sentences. Then translate them into English.

1 los azules ojos Tengo
2 hermanos? ¿Tienes
3 hermanas tres Tiene
4 un perro? ¿Tenéis
5 los marrones tienen Mis ojos hermanas
6 yo pelo Mi hermano rubio y tenemos el

Think about which part of the verb you need.
Mi hermano y yo = we
Mis hermanas = they

5 Write these sentences in Spanish.

1 She has 
2 We have 
3 I have
4 He has

5 My brothers have 
6 You have (singular)  

Ser (to be) is another useful irregular verb.

soy	I am	**somos**	we are
eres	you are	**sois**	you (plural) are
es	he/she/it is	**son**	they are

6 Unjumble the forms of ser and write a sentence using each one. Then translate the sentences into English.

Example: **1** eres - Eres muy simpático. (You are very nice.)

1 seer **2** osis **3** yso
4 nos **5** se **6** mooss

Ser and estar

In Spanish, there are two verbs meaning 'to be': **ser** and **estar**.

- You have already met **ser** when describing characteristics of people, houses, etc:
  Soy alta. *I **am** tall.* Mi casa **es** antigua. *My house **is** old.*
- **estar** is used for location:
  Mi casa **está** en la costa. *My house **is** by the sea.*

7 Choose the correct verb and copy out the sentences.

1 ¿Cómo es/está tu casa o tu piso?
2 Es/Está muy cómodo.
3 ¿Dónde es/está?
4 Es/Está en el norte de España, en la montaña.

¿Cuántas personas hay en tu familia? How many people are there in your family?

En mi familia hay... personas.	In my family, there are... people.	**mis primos**	my cousins
mis padres	my parents	**¿Cómo se llama tu madre?**	What is your mother called?
mi madre	my mother	**Mi madre se llama...**	My mother is called...
mi padre	my father	**¿Cómo se llaman tus primos?**	What are your cousins called?
mi abuelo	my grandfather	**Mis primos se llaman... y...**	My cousins are called... and...
mi abuela	my grandmother	**su hermano**	his/her brother
mi bisabuela	my great-grandmother	**sus hermanos**	his/her brothers
mi tío	my uncle		
mi tía	my aunt		

Los números 20 - 100 Numbers 20 - 100

veinte	20	**setenta**	70
treinta	30	**ochenta**	80
cuarenta	40	**noventa**	90
cincuenta	50	**cien**	100
sesenta	60		

¿De qué color tienes los ojos? What colour are your eyes?

Tengo los ojos...	I have... eyes.	**marrones**	brown
azules	blue	**verdes**	green
grises	grey	**Llevo gafas.**	I wear glasses.

¿Cómo tienes el pelo? What's your hair like?

Tengo el pelo...	I have... hair.	**rizado**	curly
castaño	brown	**largo**	long
negro	black	**corto**	short
rubio	blond	**Soy pelirrojo/a.**	I am a redhead.
azul	blue	**Soy calvo.**	I am bald.
liso	straight		

¿Cómo es? What is he/she like?

Es...	He/She is...	**joven**	young
No es muy...	He/She isn't very...	**viejo/a**	old
alto/a	tall	**Tiene pecas.**	He/She has freckles.
bajo/a	short	**Tiene barba.**	He has a beard.
delgado/a	slim	**mis amigos**	my friends
gordo/a	fat	**mi mejor amigo/a**	my best friend
guapo/a	good-looking	**su mejor amigo/a**	his/her best friend
inteligente	intelligent		

¿Cómo es tu casa o tu piso? What is your house or flat like?

Vivo en...	I live in...	**cómodo/a**	comfortable
una casa	a house	**grande**	big
un piso	a flat	**moderno/a**	modern
antiguo/a	old	**pequeño/a**	small
bonito/a	nice		

¿Dónde está? Where is it?

Está en...	It is in...	**un pueblo**	a village
el campo	the countryside	**el norte**	the north
la costa	the coast	**el sur**	the south
una ciudad	a town	**el este**	the east
el desierto	the desert	**el oeste**	the west
la montaña	the mountains	**el centro**	the centre

Palabras muy frecuentes High-frequency words

además	also, in addition	**un poco**	a bit
bastante	quite	**mi/mis**	my
porque	because	**tu/tus**	your
muy	very	**su/sus**	his/her
¿Quién...?	Who?		

Estrategia 4

Mnemonics

One way of remembering new words is to invent a mnemonic: a rhyme or saying that sticks easily in the mind. Here's an example from the word list above, but it's best to make up your own – you'll find them easier to remember/harder to forget.

B en
O ffers
N ice
I nvitations
T o
O thers

You can't learn every word like this – it would take ages! But it's a great way of learning those words that just don't seem to stick.

Las Meninas

- Describing a painting
- Recording an audio or video guide to a painting

Zona Cultura

Diego Velázquez (1599–1660) was a Spanish painter. He was made the official royal painter by King Felipe IV. In 1656 Velázquez painted 'La familia de Felipe IV', more commonly known as 'Las Meninas' ('The Maids of Honour'). The small girl in the painting is the Infanta Margarita (the Princess Margarita).

Many other artists have been inspired by 'Las Meninas'. One of them was the famous Spanish painter Pablo Picasso (1881–1973). Picasso liked to experiment with shape and colour. In 1957, he painted 58 versions of 'Las Meninas'!

1 Mira el cuadro. Escucha y lee el texto.
Look at the painting. Listen and read the text.

el chico *boy*
la chica *girl*

Este cuadro se llama 'Las Meninas' y el pintor se llama Diego Velázquez.
En el cuadro hay once personas. En el centro está la Infanta Margarita. Es bastante pequeña. Tiene el pelo largo y rubio. Al lado de la Infanta Margarita están 'las Meninas'. Se llaman María e Isabel.
A la izquierda está el pintor, Diego Velázquez. Es bastante alto y tiene el pelo castaño. A la derecha hay un chico y un perro.
Los colores principales en el cuadro son el negro, el beige, el gris y el marrón.

2 Lee el texto otra vez. Busca el equivalente de estas palabras en español.
Read the text again. Find the equivalents of these words in Spanish.

1. This painting is called
2. the painter is called
3. In the centre
4. On the left
5. On the right
6. The main colours in the painting are

Mira este cuadro de 'Las Meninas' de Eleazar. Con tu compañero/a, pregunta y contesta.
Look at this painting of 'Las Meninas' by Eleazar. With your partner, ask and answer questions,.

aquí *here*

- **¿Dónde está el pintor?**
- **En mi opinión, está aquí.**
- **¿Dónde están las Meninas?**
- **En mi opinión, están aquí.**

a el pintor
b la Infanta Margarita
c el perro
d el chico
e las Meninas

You can see that the following words belong to the same family.
pintar to paint
pintor painter
Try learning new vocabulary in 'word families' to increase your word power!

Lee los textos. Completa las frases en inglés.

Prefiero el cuadro de Velázquez porque en mi opinión, es muy antiguo y muy interesante. Me gusta la Infanta y me gusta el pintor a la izquierda.
Tomás

Prefiero el cuadro de Eleazar porque en mi opinión, es loco y muy divertido. Me gustan los colores y me encanta el perro. El cuadro de Velázquez es muy feo en mi opinión. Es antiguo y aburrido. No me gusta nada.
Emanuela

1 Tomás prefers the painting by ——.
2 Emanuela prefers the painting by ——.
3 Tomás thinks it's very —— and very ——.
4 Emanuela likes the —— and loves the ——.
5 Tomás likes the —— and ——.
6 Emanuela thinks the Velázquez painting is ——, —— and ——.

Haz un sondeo en tu clase. Pregunta a seis personas.

Ejemplo:
- **¿Cuál prefieres? ¿El cuadro de Velázquez o el cuadro de Eleazar?**
- **El cuadro de Eleazar.**
- **¿Por qué?**
- **Porque en mi opinión, es muy raro e inteligente. Me gusta la Infanta.**

SKILLS

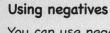

Using negatives

You can use negatives to make your answers more interesting.
No es interesante.
It is not interesting.

Elige un cuadro (o pinta una obra maestra tú mismo). Escribe una audioguía o una videoguía y luego grábala.
Choose a painting (or paint a masterpiece yourself). Write an audioguide or videoguide and then record it.

- Say what your painting and the painter are called. (**Este cuadro se llama… y el pintor/la pintora se llama.**)
- Say how many people there are in the painting. (**En el cuadro hay…**)
- Say what is in the centre/on the left/on the right. (**En el centro/A la izquierda/A la derecha está…**)
- Say what the main colours are. (**Los colores principales son el…**)
- Say whether you like the painting and give a reason. (**Me gusta/No me gusta porque…**)

¡MODULE 5! Mi ciudad

1 Los tres países que tienen frontera con España son:

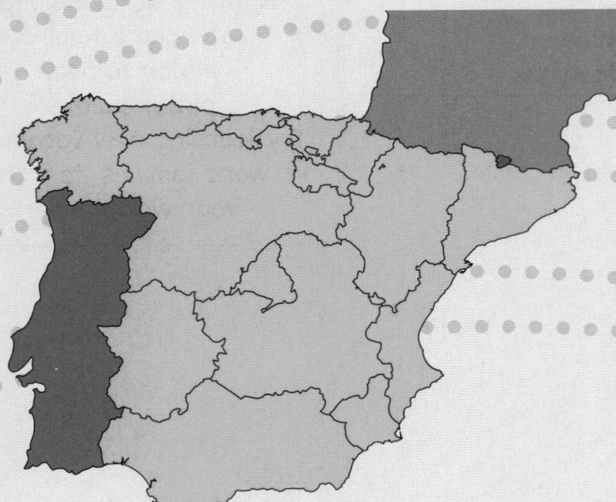

a Francia
b Italia
c Andorra
d Portugal
e Alemania

Did you know that Spain is twice as big as the UK, but with only about three-quarters of the population?

2 ¿Cuáles son las tres ciudades más grandes de España?

a Barcelona
b Bilbao
c Málaga
d Valencia
e Madrid

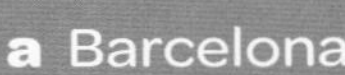

3 España tiene más de 8.000 kilómetros de:

a montañas

b ríos

c costa

4 España produce alrededor del 46% del total mundial de un producto. ¿Cuál es?

5 ¿Cuáles de estos ingredientes **no** hay en una paella?

6 ¿Cómo se llama la capital de estos países latinoamericanos?

a La Paz
b Caracas
c Montevideo
d Buenos Aires
e Lima

¿Qué hay en tu ciudad?

- Describing your town or village
- Using 'a', 'some' and 'many' in Spanish

Escucha y escribe la letra correcta. (1–12)

Ejemplo: **1** c

¿Qué hay en tu pueblo o tu ciudad?

¿Qué hay en Oviedo? Hay...

a 
un castillo

b 
un mercado

c 
un estadio

d 
un centro comercial

e 
un polideportivo

f 
una piscina

g 
una universidad

h 
unos museos

i 
unas plazas

j 
muchos parques

k 
muchos restaurantes

l 
muchas tiendas

Juego de memoria. Con tu compañero/a, cierra el libro. ¿Qué hay en Oviedo?

Memory game. With your partner, close the book. What is there in Oviedo?

Ejemplo:
- **Hay un castillo y muchas tiendas.**
- **Hay un castillo, muchas tiendas y una piscina...**

Gramática

The words for 'a', 'some' and 'many' in Spanish are:

	a/an	**some**	**many/a lot of**
masc	**un** museo	**unos** museos	**muchos** museos
fem	**una** tienda	**unas** tiendas	**muchas** tiendas

>> p112

¿Qué hay? ¿Qué no hay? Escucha y apunta los datos en inglés. (1–5)

Ejemplo: **1** some squares, no swimming pool

Con tu compañero/a, describe una ciudad. Tu compañero/a dice la letra correcta.
With your partner, describe a city or town. Your partner says the correct letter.

Ejemplo:
- ● **¿Qué hay en tu pueblo o tu ciudad?**
- ■ **Hay un centro comercial y un polideportivo, pero no hay castillo.**
- ● c

a
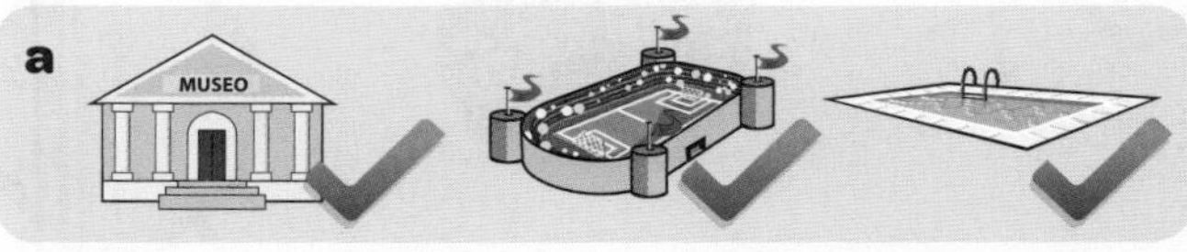

b

c

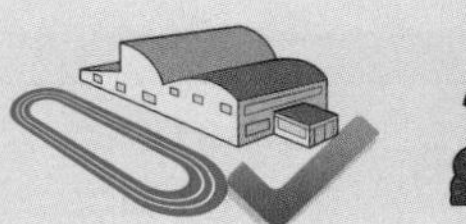

d

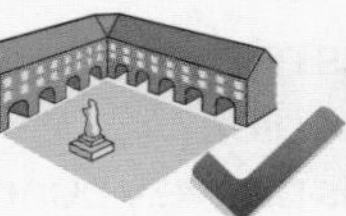

Lee los textos. Copia y completa la tabla en inglés.

name	town	there is...	there isn't...	opinion	reason
Adrián		castle, stadium, …			

Un paseo por mi ciudad

¡Hola! Soy Adrián. Vivo en Santander, en el norte de España. En mi barrio hay un castillo, un estadio y muchos parques. Me gusta vivir aquí porque Santander está en la costa y porque pienso que es una ciudad bonita.

Me llamo Martina y vivo en Ronda. Es un pueblo que está en el sur de España. En Ronda hay muchos monumentos y muchos museos, pero no hay centro comercial. Me gusta mucho vivir aquí en Ronda porque es un pueblo muy antiguo e impresionante. Es mi pueblo favorito.

Me llamo David y vivo en Almagro, en el centro de España. Hay una plaza mayor, pero no hay estadio. ¡No hay nada! No me gusta vivir aquí porque es muy aburrido. Creo que es demasiado pequeño.

mi barrio	*my neighbourhood*
impresionante	*impressive*
no hay nada	*there is nothing*

Escucha la canción y elige la palabra correcta. Luego canta.

En el barrio
donde **1** *vivo/como*,
no hay museo,
no hay castillo.

Es muy **2** *feo/bonito*
y tranquilo.
Me gusta mucho.
Es mi **3** *perro/ barrio*.

En la gran ciudad
donde vivo,
hay un **4** *castillo/mercado*
y un estadio.

Hay un museo
muy **5** *antiguo/pequeño*.
Es mi sitio
6 *preferido/favorito*.

Describe tu pueblo o tu ciudad.

- Vivo en... En mi pueblo/ciudad hay..., pero no hay...
- (No) Me gusta vivir aquí porque es...

el sitio *place*

¿Qué haces en la ciudad?

- Telling the time
- Using the verb **ir** (to go)

Empareja las frases con los dibujos.

1  **2**  **3** **4**  **5** 

a Son las nueve.
b Son las diez.
c Son las nueve y cuarto.
d Son las diez menos cuarto.
e Son las nueve y media.

es la una	y cinco
son las dos	y diez
son las tres	y veinte
son las cuatro	y veinticinco
son las cinco	y cuarto
son las seis	y media
son las siete	
son las ocho	menos veinticinco
son las nueve	menos veinte
son las diez	menos diez
son las once	menos cinco
son las doce	menos cuarto

Escucha y comprueba tus respuestas.

Escucha. ¿Qué hora es? Escribe la letra correcta. (1–9)

Ejemplo: **1** e

a **b** **c** **d** **e** **f** **g** **h** **i**

Con tu compañero/a, juega a las cuatro en raya.
With your partner, play 'four in a row'.

Ejemplo:
● **¿Qué hora es?**
■ **Son las nueve y cinco.**

2.10	9.40	8.30	6.20
7.25	6.10	5.15	2.45
9.05	3.30	6.20	1.00
4.05	2.55	10.35	11.50

Pronunciación

Do you remember how to pronounce z (diez, plaza)? Look back at page 8.

Escucha y escribe la letra correcta. (1–9)

Ejemplo: **1** b

¿Qué haces en la ciudad?

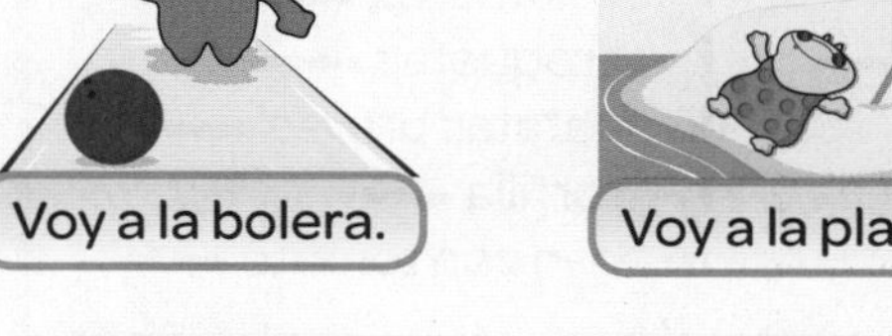

If **a** (to) and **el** (the) come together, they join up to make **al**.

Gramática

The verb ir (to go) is an important irregular verb.

ir	to go
voy	I go
vas	you go
va	he/she goes
vamos	we go
vais	you (plural) go
van	they go

Voy al parque.
I go to the park.
¿Vas de compras?
Do you go shopping?

>> p112

Lee el texto. Escribe la hora y las letras de los dibujos correctos.

Ejemplo: 8.00 am, c, b

Mi sábado perfecto

A ver… A las ocho de la manaña como una chocolatina y escucho música en mi móvil.

A las nueve y cuarto monto en bici, voy al parque y veo un partido de fútbol. Me encanta el fútbol. ¡Soy fanático!

A la una y veinte voy a la bolera con mis amigos y jugamos hasta las cinco y media de la tarde. Luego, a las seis menos cuarto vamos a una cafetería. A las ocho veo la televisión… ¡Un sábado perfecto!

Luis

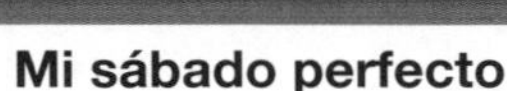

a

b

c

d

e

f

g

hasta *until*

Prepara una presentación. Describe tu sábado perfecto. Haz tu presentación a tu compañero/a.

Ejemplo:

- **Mi sábado perfecto. A las nueve de la manaña voy al parque…**

Son las ocho.
It's eight o'clock.
a las ocho
at eight o'clock

En la cafetería

- Ordering in a café
- Using the verb **querer** (to want)

1 **Empareja las imágenes con el menú y escribe los precios correctos.**
Match the pictures to the menu and write the correct prices.

Ejemplo: **a** un café 1,50 €

You pronounce **euros → eh-oo-ros.**

Cafetería El Rincón

Bebidas	**Raciones**
a un café ___	**g** gambas ___
b un té ___	**h** jamón ___
c una Fanta limón ___	**i** calamares ___
d un batido de chocolate/fresa ___	**j** croquetas ___
e una Coca-Cola ___	**k** patatas bravas ___
f Especial del día: granizado de limón ___	**l** tortilla ___
	m pan con tomate ___

5,50 €

2 **Escucha y comprueba tus respuestas.**

3 **Con tu compañero/a, pregunta y contesta.**

Ejemplo:
- ● **Una ración de tortilla, ¿cuánto es, por favor?**
- ■ **Son cuatro euros.**

Zona Cultura

Tapas are snacks that people eat in Spain when they are having something to drink. In the north, tapas are known as **pinchos** (spelt **pintxos** in Basque-speaking areas). The types of tapas you find differ from region to region.

4 **Escucha. ¿Qué quieren? Hay un error en las notas del camarero cada vez. (1–5)**
Listen. What do they want? There is one mistake in the waiter's notes each time.

Ejemplo: ~~1 x limonada~~ → 1 x Coca-Cola

1

2

3
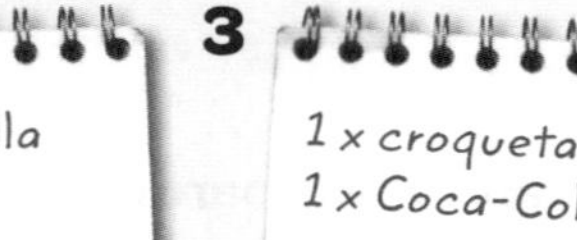

4
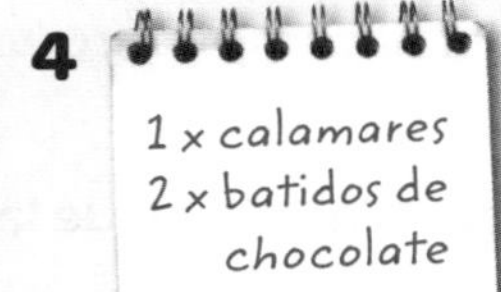

5
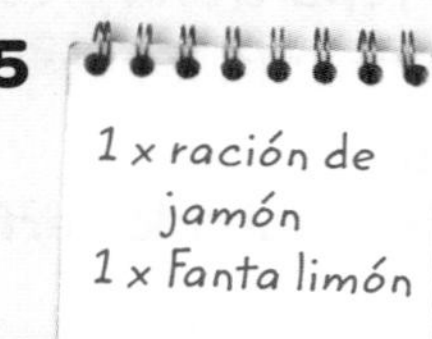

Escucha y lee el diálogo. Escribe las letras correctas del ejercicio 1 en los espacios en blanco.
Listen and read the dialogue. Write the correct letters from exercise 1 in the gaps.

Ejemplo: **1** i

Camarero: Buenos días, ¿qué queréis?
Elena: A ver... ¿Qué quieres, Raúl?
Raúl: Quiero una ración de **1** ___ y una ración de **2** ___, por favor.
Camarero: Muy bien...
Elena: Yo quiero una ración de **3** ___.
Camarero: ¿Algo más?
Elena: Eh... Sí, una ración de **4** ___, por favor. Raúl, ¿algo más?
Raúl: No, nada más.
Camarero: ¿Y de beber?
Elena: Quiero **5** ___.
Raúl: Yo quiero **6** ___.

Un poco más tarde...

Elena: ¿Cuánto es, por favor?
Camarero: Bueno... Son 28 euros.
Raúl: Gracias. ¡Me encanta ir de tapas!

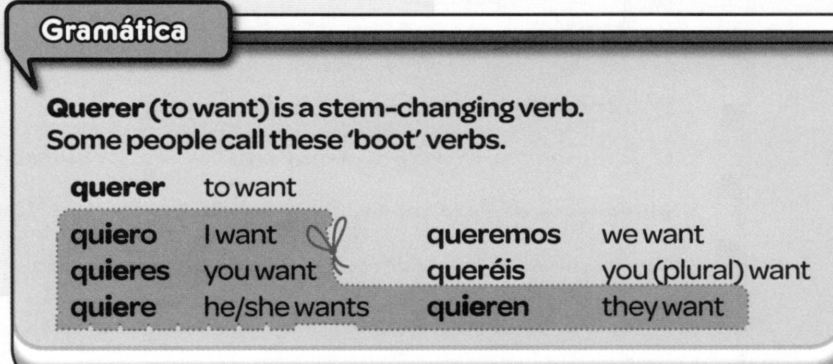
Gramática

Querer (to want) is a stem-changing verb.
Some people call these 'boot' verbs.

querer to want

quiero	I want	**queremos**	we want
quieres	you want	**queréis**	you (plural) want
quiere	he/she wants	**quieren**	they want

Escribe un diálogo utilizando el ejercicio 5 como modelo.

¡Juega! Trabaja en un grupo de cuatro personas.

Las reglas del juego:

Pon tu ficha en la casilla de salida.

Tira el dado.

Mueve tu ficha.

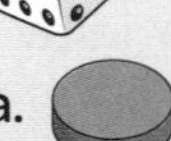

¿Cómo se dice en español?

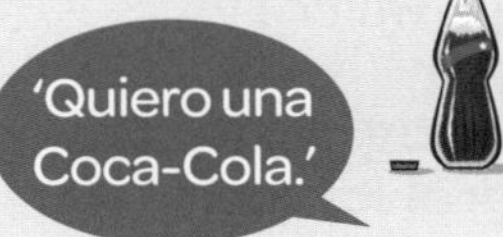

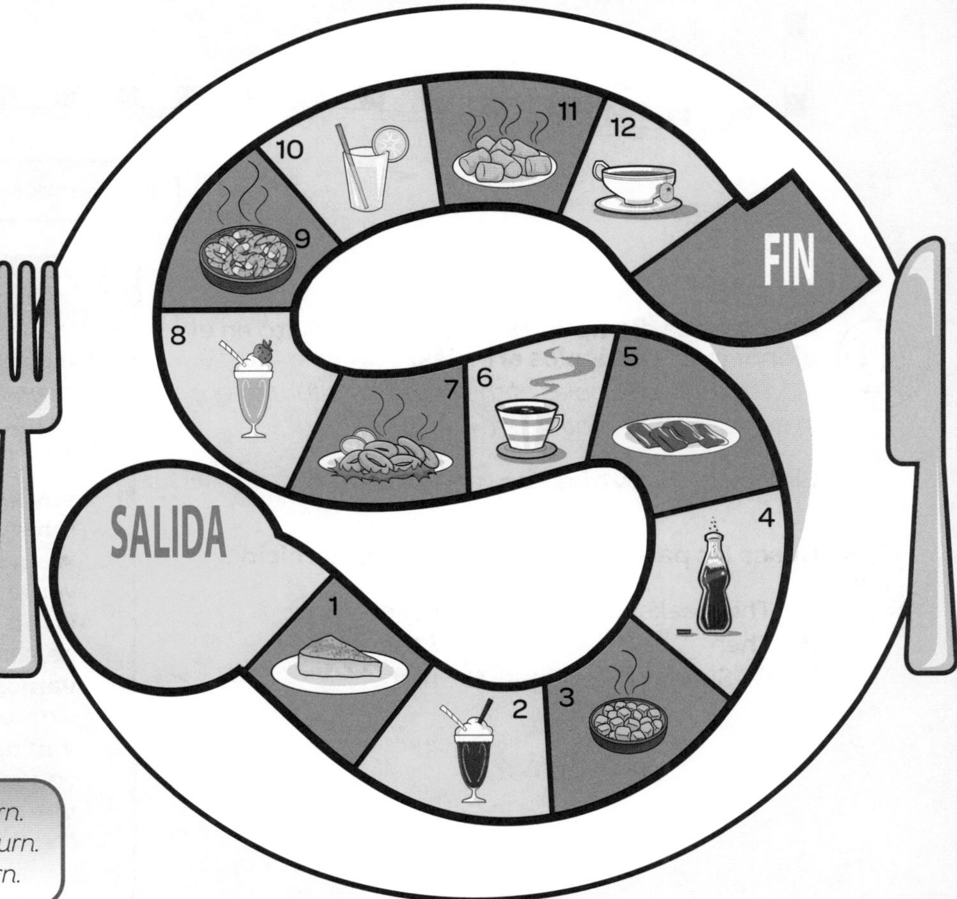

Me toca a mí.	*It's my turn.*
Te toca a ti.	*It's your turn.*
Pierde un turno.	*Miss a turn.*

¿Qué vas a hacer?

- Saying what you are going to do at the weekend
- Using the near future tense

Escucha y lee.

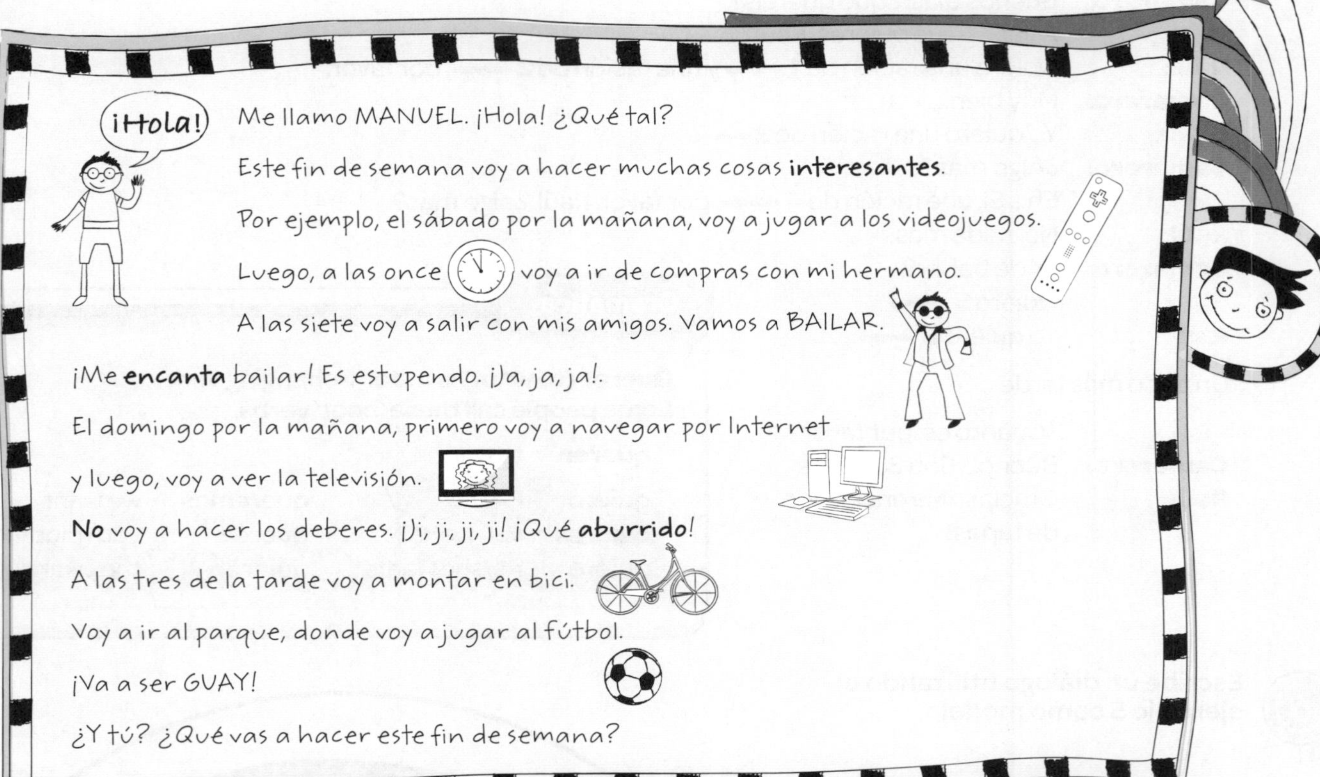

Me llamo MANUEL. ¡Hola! ¿Qué tal?

Este fin de semana voy a hacer muchas cosas **interesantes**.

Por ejemplo, el sábado por la mañana, voy a jugar a los videojuegos.

Luego, a las once voy a ir de compras con mi hermano.

A las siete voy a salir con mis amigos. Vamos a BAILAR.

¡Me **encanta** bailar! Es estupendo. ¡Ja, ja, ja!.

El domingo por la mañana, primero voy a navegar por Internet

y luego, voy a ver la televisión.

No voy a hacer los deberes. ¡Ji, ji, ji, ji! ¡Qué **aburrido**!

A las tres de la tarde voy a montar en bici.

Voy a ir al parque, donde voy a jugar al fútbol.

¡Va a ser GUAY!

¿Y tú? ¿Qué vas a hacer este fin de semana?

muchas cosas interesantes *a lot of interesting things*

Busca trece ejemplos del futuro inmediato en el ejercicio 1. Tradúcelos al inglés.
Find thirteen examples of the immediate future tense in exercise 1. Translate them into English.

Ejemplo: **1** voy a hacer = I am going to do

Busca las palabras en español en el ejercicio 1.

1 This weekend
2 For example
3 Then
4 At seven
5 On Sunday morning
6 first

Gramática

To say what you are going to do, use the present tense of the verb ir (voy, vas, va etc.) followed by a plus the infinitive. This is called the near future tense.

voy a salir con mis amigos
I am going to go out with my friends
vas a ver la televisión
you are going to watch TV
va a ir de paseo
he/she is going to go for a walk
vamos a jugar al voleibol
we are going to play volleyball
vais a chatear
you (plural) are going to chat online
van a hacer los deberes
they are going to do their homework

>> p113

Con tu compañero/a, haz un diálogo. Eres Manuel y tu compañero/a es un amigo/una amiga.

Ejemplo:

● **¿Qué vas a hacer este fin de semana?**

■ **Este fin de semana voy a hacer muchas cosas interesantes.**

● **¿Qué vas a hacer el sábado por la mañana?**

■ **Voy a jugar...**

Pronunciación

Remember, b and v are pronounced the same in Spanish:

voy a bailar = boy a bailar

¿Qué van a hacer este fin de semana? Copia y completa la tabla. (1–4)

1 Laura **2** Samuel **3** Carla **4** Álvaro

	¿Cuándo?	¿Qué?
Laura	sábado por la mañana	salir con amigas,...

Con tu compañero/a, juega a los barcos.
With your partner, play battleships.

- Copy the grid.
- Choose an activity for each day and time: put a cross in five squares.
- Take it in turns to guess what your partner is doing and when.
- A correct guess wins another turn.

Ejemplo:

● **El viernes por la tarde ¿vas a ir de compras?**

■ **Sí, voy a ir de compras./No, no voy a ir de compras.**

el viernes por la tarde	×				
el sábado por la mañana					
el sábado por la tarde					
el domingo por la mañana					
el domingo por la tarde					

Eres una persona famosa. ¿Qué vas a hacer el sábado por la mañana/por la tarde? Escribe un párrafo.

- Say what you are going to do.
- Say when you are going to do it and who with.
- Try to include an example of 'we are going to...'

Este fin de semana voy a hacer muchas cosas.
El sábado por la mañana voy a... con...
Luego, ...voy a ir...
El domingo por la tarde voy a... con...
Vamos a...

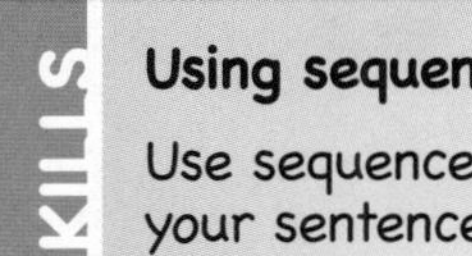

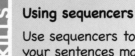

SKILLS

Using sequencers

Use sequencers to make your sentences more interesting:

primero	first
luego	then
finalmente	finally

¿Te gusta tu ciudad?

- Understanding people describing their town
- Listening for detail

Escucha. ¿Entiendes 'no' en estas frases? (1–6)
Listen. Do you hear 'no' in these sentences?

1 ? hay muchos museos.
2 ? hay un mercado.
3 ? voy a la bolera.
4 ? quiero una Coca-Cola.
5 ? es tranquilo.
6 ? hay mucho que hacer.

mucho que hacer *a lot to do*

SKILLS

Listening for small words

In a listening exercise, always listen carefully for small words like **no**. They can change the whole meaning of what someone is saying.

2 LEER

Escribe las frases del ejercicio 1 en inglés.

¿A dónde no va Daniel? Escribe las dos letras correctas.
Where does Daniel not go? Write the two correct letters.

a 
b 
c 
d 
e 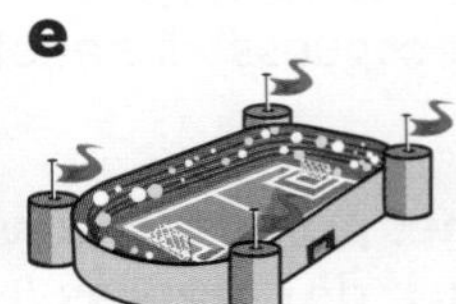
f 

Escucha y lee. ¿Qué piensan de la ciudad? Escribe P (positivo), N (negativo) o P/N (positivo y negativo).
Listen and read. What do they think of the town? Write P (positive), N (negative) or P/N (positive and negative).

1 No me gusta porque no hay estadio. En mi opinión, no es interesante.

2 En mi ciudad hay muchas cosas que hacer. Los fines de semana voy a la bolera con mis amigas o vamos al cine. Es fenomenal.

3 Me encantan los museos y los monumentos, pero no hay piscina y el centro comercial es un poco feo.

SKILLS

What do they mean?

People don't always use words like **me gusta** or **no me gusta** to give a positive or a negative opinion. You might have to work it out from other things they say, such as the adjectives they use. Always listen to the whole thing before making up your mind.

Escribe las expresiones que indican la opinión (P, N, P/N) de las personas del ejercicio 4.
Write down the expressions that show the opinions (P, N, P/N) of the people in exercise 4.

Ejemplo: **1** No me gusta, ...

Escucha y elige la respuesta correcta.

1 Samuel is going to go to the pool at:
- **a** 6.30 am
- **b** 6.20 pm
- **c** 6.30 pm.

2 Dora is going to go shopping at:
- **a** 10.45 on Saturday morning
- **b** 11.45 on Saturday morning
- **c** 10.45 on Sunday morning.

> **SKILLS**
>
> **Beware of red herrings!**
>
> When you are listening, beware of distractors or 'red herrings'! These are things that are close to the right answer, but not quite right. Always read the question very carefully – and listen carefully, too!

Escribe una pregunta de respuesta múltiple para tu compañero/a.

Invent a multiple-choice question for your partner.

- First write a sentence in Spanish for your partner to listen to.
- Then write three answer options in English like the ones in exercise 6.
- Read your sentence aloud to your partner.
- He/She chooses the correct answer.

Escucha. ¿Qué quieren Emilio y Paulina? Escribe las dos letras correctas para cada persona.

Listen. What do Emilio and Paulina want? Write the two correct letters for each person.

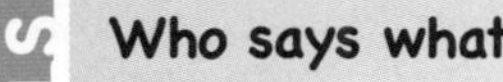

> **SKILLS**
>
> **Who says what?**
>
> Sometimes you have to listen and distinguish between two different voices. It's important to listen not only to what they say, but also to who says what.

a

b

c

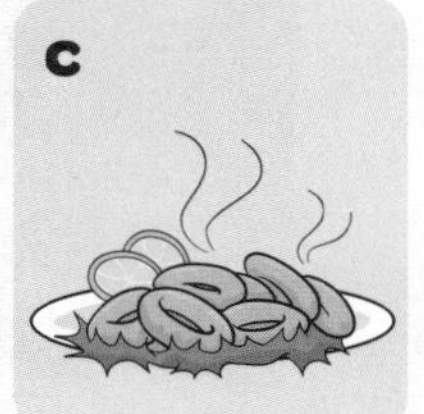

d

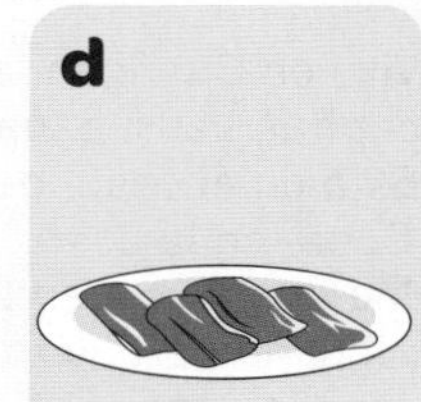

e

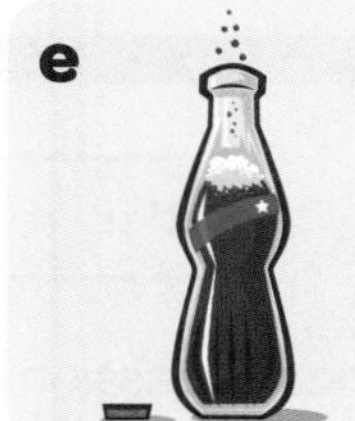

f

g

Escucha y elige la respuesta correcta.

1 Nerja is:
- **a** a village in the north of Spain
- **b** a city in the south of Spain
- **c** a village in the south of Spain.

2 Nerja does not have:
- **a** a sports centre
- **b** a shopping centre
- **c** a youth centre.

3 Martina likes:
- **a** nothing about Nerja
- **b** some things about Nerja
- **c** most things about Nerja.

MODULE 5 ¡6!

Mi vida en La Habana

- Writing a blog about your town and activities
- Using two tenses together

WRITING SKILLS

1 ESCUCHAR **Escucha y lee.**

Mi vida en La Habana

¿Qué tal?
Me llamo Lucía y tengo trece años. Soy bastante simpática y muy divertida. No soy tímida. ¿Y tú? ¿Cómo eres?

Vivo en Cuba, en la capital, La Habana. Está en el oeste de Cuba, en la costa. Me gusta vivir en La Habana porque todos los días hace sol. Hay un castillo y unos museos interesantes. También hay una universidad y muchas plazas.
Vivo en un piso moderno con mi familia. No me gusta nada porque es muy pequeño.

En mi tiempo libre salgo con mis amigas. Montamos en bici o vamos a la playa, donde jugamos al voleibol. Me gusta mucho escuchar música y mi pasión es la salsa. Toco el piano y también canto en un coro. ¿Y tú? ¿Qué haces en tu tiempo libre?

Normalmente los sábados canto en el coro y luego voy de paseo con mi madre, pero este fin de semana voy a ir a la playa con mis amigas, porque es mi cumpleaños. Vamos a nadar. ¡Va a ser estupendo! ¿Y tú? ¿Qué vas a hacer este fin de semana?

nadar *to swim*

2 LEER **Completa las frases en inglés.**

1. Lucía is quite nice and ___.
2. Havana is the capital of Cuba. It is in the ___ on the ___.
3. She likes Havana because ___ every day.
4. She doesn't like her flat because ___.
5. Lucía likes to listen to music and her passion is ___.
6. She plays piano and on Saturdays she ___.
7. Normally after choir Lucía goes ___ with ___.
8. This weekend she is going to ___ because it's ___.

3 LEER **Busca en el texto:**

- 7 verbs in the 'I' form present tense
- 3 verbs in the 'we' form present tense
- 1 verb in the 'I' form near future tense
- 1 verb in the 'we' form near future tense.

4 HABLAR **Eres Lucía. Con tu compañero/a, pregunta y contesta.**

- **¿Cuántos años tienes?**
- **¿Qué tipo de persona eres?**
- **¿Dónde vives?**
- **¿Qué hay en tu ciudad?**
- **¿Cómo es tu piso?**
- **¿Qué haces en tu tiempo libre?**
- **¿Qué haces los sábados?**
- **¿Qué vas a hacer este fin de semana?**

Escucha y escribe las letras correctas. (1-5)

Ejemplo: **1** d, f

Normalmente los fines de semana...

a voy al parque. 

b monto en bici. 

c veo la televisión. 

d hago los deberes. 

e salgo con mis amigos. 

Pero este fin de semana...

f voy a nadar. 

g voy a cantar karaoke. 

h voy a salir con mi familia. 

i voy a jugar al tenis.

j voy a ir al cine. 

SKILLS

Making your writing interesting

- Using two tenses (the present and the near future) adds variety and raises your level.
- Including both tenses in the same sentence is even better! Can you find an example of this in Lucia's text?
- Always use connectives, intensifiers and time expressions.

Lee el texto del ejercicio 1 otra vez. Copia y completa la tabla.

connectives	intensifiers	time expressions
y	bastante	todos los días

Escribe una entrada de blog sobre ti. ¡Cuidado con la ortografía y la gramática!

Write a blog entry about yourself. Be careful with your spelling and grammar!

Use Lucía's text as a model. Mention:

- your name, age and what you are like
- where you live and whereabouts it is
- your opinion of your town and a reason
- your home and what it is like
- what you do in your spare time
- what you normally do at the weekends
- what you are going to do next weekend.

Include:

- connectives, intensifiers and time expressions
- at least one 'we' form verb
- a sentence with two tenses in it.

Lee la entrada de blog de tu compañero/a. Comprueba y comenta su trabajo.

Read your partner's blog entry. Check and comment on his/her work.

	3 puntos. ¡Excelente! ¡Bravo!	2 puntos. Bien. Correcto en general.	1 punto. ¡Cuidado! Hay errores.
Spelling and accents			
Endings on articles			
Verb endings and tenses			
Adjective endings			

SKILLS

Checking written work

When you check your written work, remember to look for:

- spelling and accents
- endings on articles (un/un**a**/un**os**/un**as**)
- verb endings and tenses (cant**o**/me gusta cant**ar**/**voy a** cantar)
- adjective endings (antigu**o**/antigu**a**/antigu**os**/antigu**as**)

- say what there is in my town or village — **Hay una piscina y un centro comercial.**
- ask someone about their town or village — **¿Qué hay en tu pueblo o tu ciudad?**
- ■ use the correct words for 'a', 'some' and 'a lot of' — **un museo/unos museos/muchos museos**

- ask the time — **¿Qué hora es?**
- tell the time — **Es la una. Son las nueve y cuarto.**
- say at what time I do something — **A las diez voy de compras.**
- ■ use the verb **ir** (to go) — **voy, vas, va, vamos, vais, van**
- ■ use **al** and **a la** correctly — **Voy al parque. Voy a la playa.**

- understand a tapas menu — **tortilla, jamón, calamares**
- order food and drink in a café — **una ración de tortilla y una Coca-Cola**
- ask how much something is — **¿Cuánto es, por favor?**
- understand prices — **Son cinco euros setenta y cinco.**
- ■ use the verb **querer** (to want) — **quiero, quieres, quiere, queremos, queréis, quieren**

- say what I am going to do at the weekend — **Este fin de semana voy a salir con mis amigos.**
- ask someone what they are going to do — **¿Qué vas a hacer este fin de semana?**
- ■ use the near future tense — **Voy a ver la televisión. Vamos a jugar al voleibol.**

- S listen carefully for small words like **no**
- S identify positive and negative opinions — **Me encanta mi ciudad. Mi pueblo es horrible.**
- S identify distractors or "red herrings"

- S write a longer text using two tenses together — **Normalmente veo la televisión, pero este fin de semana voy a...**
- S check my own and other people's written work — **Correcto en general.**

Escucha y completa la tabla en inglés. (1–4)

1 Alejandro **2** Lola **3** Miguel **4** Daniel

	things in town	opinion	reason
Alejandro	castle,	likes it	it's interesting

Con tu compañero/a, haz tres diálogos utilizanda las imágenes.

- **Buenos días, ¿qué quieres?**
- **Quiero una racion de patatas bravas y..., por favor.**
- **¿Y de beber?**
- **Quiero...**
- **¿Algo más?**
- **No, nada más.**

Lee el texto. ¿Verdadero o falso? Escribe V o F.

Normalmente los sábados escucho música o navego por Internet. A veces mando SMS o chateo un poco, pero este fin de semana va a ser diferente porque es el fin de semana de deporte. El sábado por la mañana voy a jugar al fútbol y luego por la tarde voy a montar en bici. El domingo por la mañana voy a hacer natación y por la tarde voy a jugar al tenis. ¡Va a ser genial!
Manuel

1. On Saturdays, Manuel normally plays football.
2. He sometimes sends texts or chats online.
3. On Saturday morning he is going to play football.
4. On Saturday afternoon he is going to play volleyball.
5. On Sunday morning he is going to do his homework.
6. On Sunday afternoon he is going to play tennis.

Escribe un párrafo sobre tus actividades.

Include:

- what you normally do at the weekend **(Normalmente los fines de semana...)**
- what you are going to do this weekend **(Pero este fin de semana...)**

'a', 'some', 'many'

The words for 'a', 'some' and 'many' change according to the gender of the noun and whether it is singular or plural.

	a/an	some	many/a lot of
masculine	**un** museo	**unos** muse**os**	**muchos** muse**os**
feminine	**una** tienda	**unas** tiendas	**muchas** tiendas

1 Choose the correct version of each word and complete the sentences.

Example: En mi ciudad hay un estadio y...

En mi ciudad hay **1** un/una  y **2** un/una . También hay **3** un/una .
Hay **4** unos/unas  y **5** muchos/muchas . Adémas hay **6** muchos/muchas
bonitas en la ciudad, **7** unos/unas y **8** muchos/muchas .

The verb 'ir' (to go)

Ir (to go) is a key irregular verb.

ir	to go
voy	I go
vas	you go
va	he/she goes
vamos	we go
vais	you (plural) go
van	they go

Voy al parque. I go to the park.
Van a la bolera. They go to the bowling alley.

a + el = al
Voy ~~a el~~ parque.
→ Voy **al** parque.

2 Write six sentences each containing one element from each box. Translate your sentences into English.

Example: Los viernes voy al parque. On Fridays I go to the park.

Los lunes	voy	al parque.
Los miércoles	vas	al cine.
Los viernes	va	a la playa.
A veces	vamos	a la bolera.
Todos los días	vais	a la cafetería.
Los fines de semana	van	de compras.

3 Translate these sentences into Spanish.

1. We go to the beach.
2. She goes shopping.
3. I go to the cinema.
4. On Saturdays they go to the park.
5. Sometimes you (singular) go to the swimming pool.
6. At the weekend you (plural) go to the bowling alley.

The near future tense

You use the near future tense to say what you are going to do. To form the near future tense, use the present tense of **ir** (to go) plus **a**, followed by the infinitive.

Voy a jugar al futbol. I am going to play football.
Vamos a hacer deporte. We are going to do sport.

4 Write out these sentences in the near future tense.

Example: **1** Vamos a jugar al voleibol.

1 (we) v a j a v 

2 (she) v a h l d 

3 (I) v a s c m a 

4 (you singular) v a i d p 

5 (they) v a i a l b 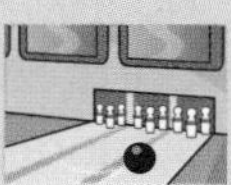

6 (you pl) v a n p i 

Using two tenses together

To reach a higher level, you need to show that you can use two tenses, for example, the present tense and the near future tense.

5 Copy the table and fill in the gaps.

infinitive	**present tense**	**near future tense**
escuchar (to listen)	escucho (I listen)	**1** ___ (I am going to listen)
bailar (to dance)	bailo (I dance)	**2** ___ (I am going to dance)
comer (to eat)	**3** ___ (I eat)	voy a comer (I am going to eat)
jugar (to play)	juego (I play)	**4** ___ (I am going to play)
hacer (to do)	**5** ___ (I do)	**6** ___ (I am going to do)
ir (to go)	**7** ___ (I go)	**8** ___ (I am going to go)

6 Copy and complete the text using the correct verb forms.

Normalmente los fines de semana **1**  . Voy al parque, donde **2**  y luego voy al polideportivo y **3** .

Este fin de semana voy a hacer muchas cosas interesantes. Primero, el sábado por la mañana **4** con mis amigos y luego, **5**  . **6**  y **7** .
Por la tarde **8**  en la cafetería.

Normalmente no **9**  mucho, pero este fin de semana **10**  mucho porque tengo exámenes.

¿Qué hay en tu ciudad? What is there in your town?

Hay...	There is...
un castillo	a castle
un centro comercial	a shopping centre
un estadio	a stadium
un mercado	a market
un museo	a museum
un parque	a park
una piscina	a swimming pool
una plaza	a square
un polideportivo	a sports centre
un restaurante	a restaurant
una tienda	a shop
una universidad	a university
En...	In...
mi barrio	my neighbourhood
mi ciudad	my town, my city
mi pueblo	my village, my town
No hay museo.	There isn't a museum.
No hay nada.	There's nothing.
unos museos	some museums
unas tiendas	some shops
muchos museos	a lot of museums
muchas tiendas	a lot of shops

¿Te gusta vivir en...? Do you like living in...?

Me gusta mucho vivir en...	I like living in... a lot.
No me gusta nada vivir en...	I don't like living in... at all.
porque hay/es...	because there is/it is...

¿Qué hora es? What time is it?

Es la una.	It's one o'clock.
Son las dos.	It's two o'clock.
Es la una y cinco.	It's five past one.
Son las dos y diez.	It's ten past two.
Son las tres y cuarto.	It's quarter past three.
Son las cuatro y veinte.	It's twenty past four.
Son las cinco y veinticinco.	It's twenty-five past five.
Son las seis y media.	It's half past six.
Son las siete menos veinticinco.	It's twenty-five to seven.
Son las ocho menos veinte.	It's twenty to eight.
Son las nueve menos cuarto.	It's quarter to nine.
Son las diez menos diez.	It's ten to ten.
Son las once menos cinco.	It's five to eleven.
Son las doce.	It's twelve o'clock.
¿A qué hora?	At what time?
a la una	at one o'clock
a las dos	at two o'clock

¿Qué haces en la ciudad? What do you do in town?

Salgo con mis amigos.	I go out with my friends.
Voy...	I go...
al cine	to the cinema
al parque	to the park
a la bolera	to the bowling alley
a la cafetería	to the cafeteria
a la playa	to the beach
de compras	shopping
de paseo	for a walk
No hago nada.	I do nothing.

En la cafetería In the café

Yo quiero...	I want...	**gambas**	prawns
bebidas	drinks	**jamón**	ham
un batido de chocolate/ de fresa	a chocolate/strawberry milkshake	**pan con tomate**	tomato bread
un café	a coffee	**patatas bravas**	spicy potatoes
una Coca-Cola	a Coca-Cola	**tortilla**	Spanish omelette
una Fanta limón	a lemon Fanta	**¿Algo más?**	Anything else?
un granizado de limón	an iced lemon drink	**No, nada más.**	No, nothing else.
un té	a tea	**¿Y de beber?**	And to drink?
raciones	snacks	**¿Cuánto es, por favor?**	How much is it, please?
calamares	squid	**Son cinco euros setenta y cinco.**	That's 5,75 €.
croquetas	croquettes		

¿Qué vas a hacer? What are you going to do?

Voy a salir con mis amigos.	I am going to go out with my friends.	**Vamos a jugar al voleibol.**	We are going to play volleyball.
Vas a ver la televisión.	You are going to watch TV.	**Vais a chatear.**	You are going to chat.
Va a ir de paseo.	He/She is going to go for a walk.	**Van a hacer los deberes.**	They are going to do their homework.

¿Cuándo? When?

este fin de semana	this weekend	**luego**	then
el sábado por la mañana	on Saturday morning	**finalmente**	finally
el domingo por la tarde	on Sunday afternoon evening	**a las tres de la tarde**	at three o'clock in the afternoon
primero	first	**(un poco) más tarde**	(a little) later

Palabras muy frecuentes High-frequency words

aquí	here	**hasta**	until
a ver	let's see	**más**	more
con	with		

Estrategia 5

Verbs that you see everywhere!

You can use the verb **tener** in lots of situations:

Tengo una serpiente.
Tengo dos hermanastras.
Tengo doce años.

Tener is a 'high-frequency' verb. Learning verbs like this will help you to say a lot more in Spanish!

You have met several other high-frequency verbs in *¡Viva!*. Try to find four different ways of finishing each of these sentences:

1 Voy... **2** Juego... **3** Es... **4** Hago...

¡Pasaporte fiesta!

- Learning about Spanish festivals
- Creating a brochure about a **fiesta**

Zona Cultura

Fiestas take place all over the Spanish-speaking world. They can be local, national or religious festivals. People often eat special food and wear traditional dress or sometimes fancy dress. Music, processions and fireworks are often involved. **Fiestas** can last several days and are big tourist attractions.

Lee el pasaporte fiesta y completa las frases en inglés.

Pasaporte fiesta

¿Cómo se llama? Se llama la Tomatina.

¿Dónde tiene lugar? Tiene lugar en Buñol, en el oeste de España.

¿Cuándo es? Es el último miércoles de agosto a las once de la mañana.

¿Cuánto tiempo dura? Dura una hora.

¿Qué pasa? Lanzamos tomates durante una hora.

¿Cómo es? ¡Es muy divertido!

1 This fiesta is called ——.
2 It takes place in Buñol, which is in ——.
3 It takes place on the last —— of —— at ——.
4 It lasts ——.
5 For one hour, we ——.
6 It is ——.

el último *the last*
lanzamos *we throw*

Escucha. Elige la respuesta correcta.

Ejemplo: **1** el Carnaval de Cádiz

salimos *we go out*

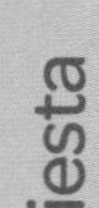

Pasaporte fiesta

¿Cómo se llama? Se llama **1 a** *el Carnaval de Cádiz*/ **b** *el Carnaval de Barranquilla*.

¿Dónde tiene lugar? Tiene lugar en **2 a** *Cádiz*/**b** *Cadaqués*,en el **3 a** *sureste de España*/ **b** *norte de España*.

¿Cuándo es? Es en **4 a** *marzo o abril*/ **b** *febrero o marzo*.

¿Cuánto tiempo dura? Dura **5 a** *diez días*/**b** *doce días*.

¿Qué pasa? Salimos disfrazados, **6 a** *bailamos*/ **b** *paseamos*, cantamos y **7 a** *lanzamos*/ **b** *comemos* cosas muy buenas.

¿Cómo es? Es **8 a** *horrible*/ **b** *estupendo*.

Con tu compañero/a, describe la Feria de Málaga. Utiliza las preguntas del ejercicio 2.

Feria de Málaga
- en agosto
- el sur de España
- bailar flamenco, escuchar música
- guay

Escucha y lee el texto, y mira la foto. Busca las frases en español.

ves	*you see*
las sevillanas	*dance from Seville, women from Seville*

En esta foto ves a mi mejor amiga, Alicia, durante la Feria de Abril, en Sevilla.
Tiene el pelo castaño y liso. Es una chica muy guapa, ¿verdad?
Durante la Feria llevamos ropa tradicional y bailamos sevillanas. También tocamos instrumentos y cantamos. Comemos cosas muy buenas y hay un espectáculo de fuegos artificiales. ¡Es fenomenal! Me encanta la Feria.
Silvia

1 we wear traditional clothes
2 we dance
3 we play instruments
4 we sing
5 we eat very nice things
6 there is a firework display

Lee el texto otra vez. Corrige los errores en estas frases.

1 La chica de la foto se llama Abril.
2 La Feria de Abril tiene lugar en Madrid.
3 Alicia tiene el pelo rizado.
4 En la foto Alicia lleva ropa normal.
5 Durante la Feria bailamos salsa.
6 En la opinión de Silvia, el espectáculo de fuegos artificiales es aburrido.

Haz un folleto sobre una fiesta.
Create a booklet about a fiesta.

- Choose one of these fiestas:

la Semana Santa en Andalucía

las Fallas de Valencia

la Fiesta de San Isidro en Madrid

las Festes de la Mercè en Barcelona

- Research the facts.
- Create a 'Pasaporte fiesta' card.
- Include the answers to the following questions:

Pasaporte fiesta

¿Cómo se llama? Se llama la Semana Santa
¿Dónde tiene lugar?
¿Cuándo es?
¿Cuánto tiempo dura?
¿Qué pasa?
¿Cómo es?

This is part of a poem by Federico García Lorca (1898-1936). Can you find out what item of clothing a **mantilla** is? Can you guess what **un letrero** is? Use the mini-dictionary if necessary.

Viva Sevilla!
Llevan las sevillanas
en la mantilla
un letrero que dice:
¡Viva Sevilla!

El Día de los Muertos

- Learning about **el Día de los Muertos**
- Making a skull mask or paper flowers

Zona Cultura

El Día de los Muertos – 'The Day of the Dead' – is an Aztec tradition which dates back thousands of years and is a celebration of life. People believe that on the Day of the Dead the souls of their loved ones return to visit. The living offer the dead some food and their favourite things. Some families visit the cemetery where their loved ones are buried and even spend all night there!

¿Qué pasa el Día de los Muertos? Escucha y pon las fotos en el orden correcto. (1–6)
What happens on the Day of the Dead? Listen and put the photos in the correct order.

a Decoramos calaveras de azúcar.

b Decoramos las tumbas con flores...

c Hacemos el pan de muerto.

d ...y ponemos velas.

e Hacemos máscaras de calaveras que decoramos.

f A veces hacemos flores de papel.

ponemos *we put*

Busca las frases en español en el ejercicio 1.

1 sugar skulls
2 graves
3 bread for the dead
4 candles
5 skull masks
6 paper flowers

Escucha y lee el texto. Contesta a las preguntas en inglés.

Me llamo Santi y vivo en México. El Día de los Muertos es una celebración muy importante en México. También es importante en Guatemala y en los Estados Unidos.
Dura dos días, el uno y el dos de noviembre.
Hay muchos preparativos: decoramos las tumbas con flores, velas y calaveras de azúcar.
El Día de los Muertos voy al cementerio con mi familia, donde comemos y bebemos. Además, tocamos música y bailamos. Lo pasamos bien.
Me encanta el Día de los Muertos. En mi opinión, es una celebración fenomenal.

1 Where does Santi live?
2 In which two other countries is the Day of the Dead celebrated?
3 When does it take place and how long does it last?
4 Name two things Santi says they use to decorate the graves.
5 Name two things Santi and his family do on the Day of the Dead.
6 What does Santi think of the Day of the Dead?

lo pasamos bien *we have a good time*

Escucha a Elena y Juan. ¿Qué van a hacer el Día de los Muertos? Apunta los detalles en inglés.
Listen to Elena and Juan. What are they going to do on the Day of the Dead? Note the details in English.

Ejemplo: Elena – make bread, ...

Empareja las palabras en español con las palabras en inglés. Utiliza el minidiccionario si es necesario.

vas a necesitar *you are going to need*

Para hacer una máscara de calavera y flores de papel, vas a necesitar:

1	*una cartulina*	**a**	*coloured marker pens*
2	*un lápiz*	**b**	*a pipe-cleaner*
3	*rotuladores de colores*	**c**	*a piece of card*
4	*tijeras*	**d**	*scissors*
5	*una cuerda*	**e**	*sheets of orange crêpe paper*
6	*hojas de papel crepé naranja*	**f**	*a piece of string*
7	*un limpiapipas*	**g**	*a pencil*

Haz una máscara o unas flores de papel para el Día de los Muertos.
Make a mask or some paper flowers for the Day of the Dead.

los diseños	*designs*
plegar	*to fold*
enrollar	*to roll around*

Para hacer una máscara de calavera:

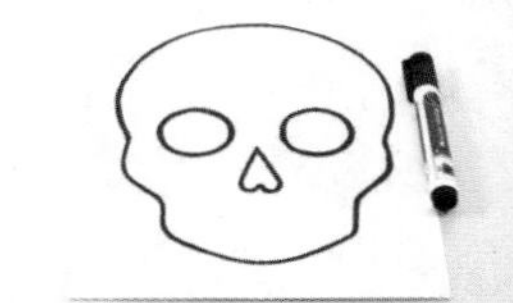

Primero, vas a dibujar una calavera sobre una cartulina.

Luego vas a hacer tus diseños.

Vas a poner colores fuertes.

Vas a hacer los ojos y a poner una cuerda.

Para hacer una flor de papel:

Vas a necesitar cinco o seis hojas de papel crepé naranja.

Vas a plegar el papel.

Luego, con un limpiapipas verde, vas a enrollar las hojas.

Vas a separar las hojas.

Haz un folleto de 'Pasaporte fiesta' sobre el Día de los Muertos. Mira el ejercicio 6 de la página 117.
Make a 'Pasaporte fiesta' booklet about the Day of the Dead. Look at exercise 6 on page 117.

Empareja los dibujos con las frases correctas.
Match the drawings to the correct sentences.

Ejemplo: **1** c

1 Tengo una hermanastra.
2 Tengo dos hermanas.
3 Tengo un hermano y dos hermanas.
4 Tengo dos hermanos.
5 Soy hija única.
6 Tengo un hermanastro.

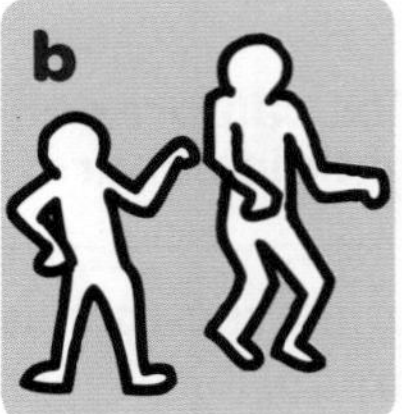

Completa el diálogo con palabras del cuadro.
Complete the dialogue with words from the box.

Ejemplo: **1** Cómo

- **¡Hola! ¿1 ___ te llamas?**
- **Me 2 ___ Manuel.**
- **¿Qué 3 ___, Manuel?**
- **Bien, 4 ___.**
- **¿Dónde vives?**
- **5 ___ en Barcelona.**
- **6 ___.**
- **Hasta luego.**

Vivo Adiós tal Cómo gracias llamo

Escribe cuatro diálogos utilizando estos datos. Utiliza el diálogo del ejercicio 2 como modelo.
Write four dialogues using these details. Use the dialogue from exercise 2 as a model.

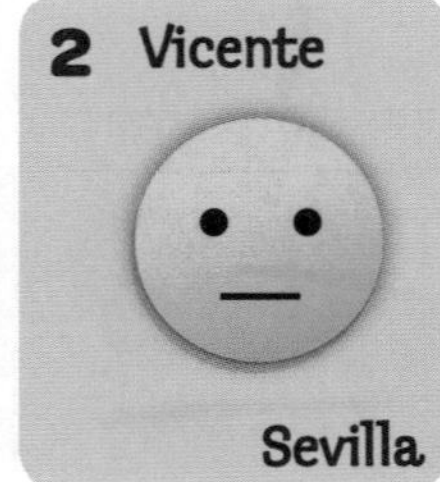

Mira los dibujos y lee las frases. ¿Verdadero (V) o falso (F)?
Look at the drawings and read the sentences. True (V) or false (F)?

Ejemplo: **1** V

1. Lidia tiene un pez y dos gatos.
2. Óscar tiene dos ratones y un perro.
3. Leo tiene una cobaya y tres conejos.
4. Alba tiene cinco perros.
5. Rafa tiene una serpiente y un caballo.
6. Arturo tiene dos perros y cinco gatos.

Lidia

Óscar

Leo

Alba

Rafa

Arturo

Corrige las frases falsas del ejercicio 1.
Correct the false sentences in exercise 1.

Lee los textos. Copia y completa la ficha de identidad de Ariana y Omar en inglés.
Read the texts. Copy and complete the ID card for Ariana and Omar in English.

ARIANA

¡Hola! Me llamo Ariana y vivo en Málaga. Soy seria y generosa también.
Tengo trece años y mi cumpleaños es el nueve de diciembre.
Tengo tres hermanos. No tengo mascotas. ☹
Mi pasión es la música. Mi héroe es Rihanna. ¡Es genial!

¡Hola! Me llamo Omar y vivo en Las Palmas. Soy tímido, pero soy sincero y soy simpático.
Tengo catorce años y mi cumpleaños es el diecisiete de abril.
Tengo una hermana que se llama Soraya.
Tengo un perro y un gato.
Mi pasión es el fútbol y mi héroe es Lionel Messi. ¡Es estupendo!

OMAR

Name:
Lives in:
Personality:
Age:
Birthday:
Brothers/sisters:
Pets:
Passion:
Hero:

Eres Elena o Ernesto. Descríbete utilizando los textos del ejercicio 2 como modelo.
You are Elena or Ernesto. Describe yourself using the exercise 2 texts as a model.

Ejemplo: Me llamo Elena y vivo en Sevilla. Soy lista y...

Name: Elena
Lives in: Alicante
Personality: clever, nice
Age: 12
Birthday: 2/11
Brothers/sisters: 1 brother
Pets: 2 guinea pigs
Passion: tennis
Hero: David Ferrer

Name: Ernesto
Lives in: Bilbao
Personality: calm, sincere
Age: 13
Birthday: 18/6
Brothers/sisters: 2 sisters
Pets: 2 rabbits, 1 cat
Passion: cycling
Hero: Bradley Wiggins

1 Copia y completa las frases.

Ejemplo: **1** Saco fotos.

1	Saco...	SMS.
2	Hablo con...	música.
3	Escucho...	fotos.
4	Toco la...	karaoke.
5	Mando...	guitarra.
6	Canto...	mis amigos.

2 Mira el móvil de Gabriel. Escribe los números de las dos frases falsas.
Look at Gabriel's mobile phone. Write the numbers of the two false sentences.

1 Hago equitación.
2 Hago atletismo.
3 Hago gimnasia.
4 Hago artes marciales.
5 Hago natación.
6 Juego al voleibol.
7 Juego al baloncesto.
8 Juego al fútbol.
9 Juego al tenis.

3 Eres Solana. Mira el móvil. Escribe seis frases.
You are Solana. Look at the mobile phone. Write six sentences.

Ejemplo: **1** Escucho música.

4 Lee el texto. Copia y completa la tabla.
Read the text. Copy and fill in the grid.

weather	activity
nice	cycling

Cuando hace buen tiempo monto en bici, pero cuando llueve navego por Internet. Cuando hace frío escucho música, pero cuando hace sol saco fotos. En invierno cuando nieva toco la guitarra.

Rompecabezas. Lee los textos y mira la gráfica. ¿Cuándo hacen Paco y Julia cada actividad?
Brainteaser. Read the texts and look at the graph. When do Paco and Julia do each activity?

Ejemplo: Julia: los sábados – hacer artes marciales

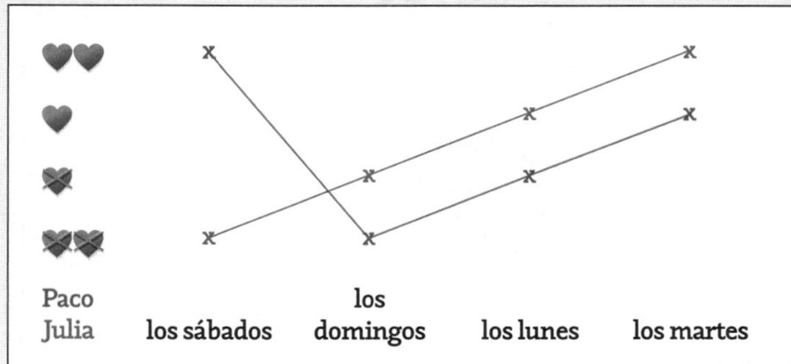

¡Hola!
Me gusta navegar por Internet y me gusta mucho escuchar música, pero no me gusta jugar al fútbol y no me gusta nada hacer artes marciales porque es aburrido.
Julia

¡Hola!
Me gusta mucho cantar karaoke, pero no me gusta nada jugar al baloncesto. Me gusta hablar con mis amigos porque es divertido, pero no me gusta hacer equitación. Es estúpido.
Paco

Empareja a los chicos españoles con un amigo/una amiga posible. Hay dos amigos posibles de sobra.
Match up the Spanish people with a possible friend. There are two possible friends too many.

amigos.es

En mi tiempo libre me gusta mucho tocar el saxofón o cantar karaoke. Me gusta jugar al baloncesto y también me gusta hacer artes marciales.
Raúl

En mi tiempo libre me encanta sacar fotos. ¡Me gusta muchísimo! y también me gusta jugar a los videojuegos o navegar por Internet. No me gusta nada bailar. No, gracias.
Juan

En mi tiempo libre me gusta ver la televisión, me gusta chatear y también me gusta salir con mis amigas. No me gusta nada hacer gimnasia.
Denisa

I like going on my computer and posting photos.
Khaled

I like sport, music and karate.
Kevin

I love gymnastics and handball. I also go swimming three times a week.
Jamila

I love watching game-shows and going out with my mates.
Samantha

I like running and collecting trump cards.
Livia

Escribe los mensajes de Carlos, Alana y de ti mismo/a a amigos.es.
Write messages to amigos.es from Carlos, Alana and yourself.

Ejemplo: En mi tiempo libre me encanta…

1 Carlos

2 Alana

¿Qué día es? ¿Qué estudia?
What day is it? What does he/she study?

Ejemplo: **1** Monday, f

1 Los lunes estudio geografía.
2 Los martes estudio matemáticas.
3 Los jueves estudio teatro.
4 Los miércoles estudio español.
5 Los jueves estudio educación física.
6 Los viernes estudio inglés.

a

b

c

d

e

f

Escribe <u>cinco</u> frases sobre tu semana en el insti.
Write <u>five</u> sentences about your week at school.

Ejemplo:
Los lunes estudio ciencias.
Los martes estudio...

Lee los textos y mira los dibujos. Para cada dibujo escribe Sofía o David.
Read the texts and look at the pictures. For each picture, write Sofía or David.

Ejemplo: **1** David

SOFÍA

Hola, me llamo Sofía y vivo en Santiago de Compostela. En mi insti hay un patio grande donde hablo con mis amigas. Hay unos laboratorios muy modernos y también hay una biblioteca bonita. Me gusta mucho mi insti porque es interesante.

1 **2**
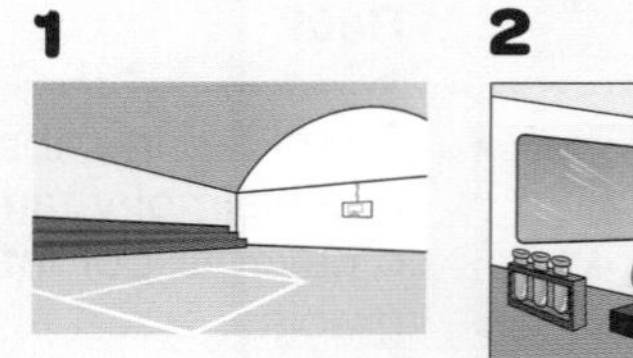

3 **4**
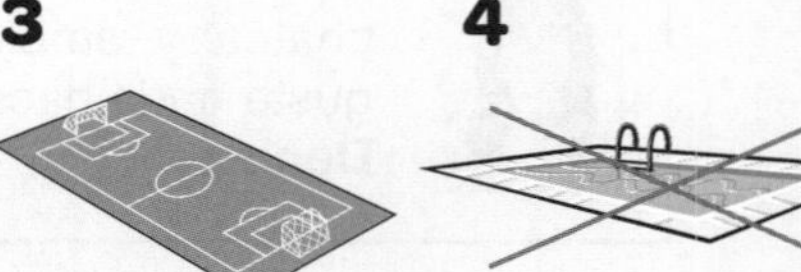

Me llamo David y vivo en Vigo. En mi insti hay muchas clases, un gimnasio grande y un campo de fútbol, pero no hay piscina. No me gusta nada mi insti porque es antiguo.

DAVID

5 **6**

¿Lógico o absurdo? Escribe L o A.
Logical or absurd? Write L or A.

1 Me gustan las matemáticas porque son aburridas.
2 No me gusta la historia porque es interesante.
3 Me gusta mucho la música porque la profesora es divertida.
4 No me gusta nada el dibujo porque es difícil.
5 Me gustan las ciencias porque no son interesantes.
6 Me gusta el español porque el profesor es paciente.
7 No me gusta el francés porque no es útil.
8 Me gusta mucho la tecnología porque es muy difícil y el profesor es severo.

Cambia las frases absurdas del ejercicio 1 para hacer frases lógicas.
Change the absurd sentences from exercise 1 to make logical sentences.

Lee el texto y completa las frases en inglés.

Me llamo Juan Pedro y vivo en Burgos, en España. Tengo trece años y mi pasión es el baloncesto. En el insti estudio inglés, español, matemáticas, ciencias, historia, geografía, informática y también educación física, pero no estudiamos religión.

Mi día favorito es el jueves porque por la mañana estudio ciencias y matemáticas, y por la tarde estudiamos educación física. Me gusta mucho el profesor de educación física porque es muy paciente.

Durante el recreo juego al fútbol o al baloncesto en el patio o hablo con mis amigos. Normalmente, como un bocadillo o a veces una chocolatina.

JUAN PEDRO

1 Juan Pedro lives in ——.
2 He studies English, Spanish, ——.
3 He doesn't study ——.
4 His favourite day is ——, because ——.
5 At break he ——.
6 Normally he eats ——.

Escribe un blog. Utiliza el texto de Juan Pedro como modelo.
Write a blog. Use Juan Pedro's writing as a model.

Mention:
- your name and where you live
- what you study and what you don't study
- your favourite day and why
- what you do at break time.

Lee las frases. Escribe las dos letras correctas para cada frase.

a 
b 
c 
d 
e 
f 
g 
h 

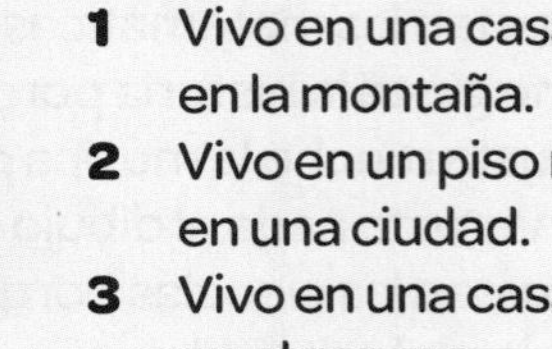

Ejemplo: **1** a, e

1 Vivo en una casa grande. Está en la montaña.
2 Vivo en un piso moderno. Está en una ciudad.
3 Vivo en una casa bonita. Está en el campo.
4 Vivo en un piso cómodo. Está en un pueblo.
5 Vivo en un piso pequeño. Está en la costa.
6 Vivo en una casa antigua. Está en el desierto.

Escribe estas frases. Utiliza las frases del ejercicio 1 como modelo.
Write these sentences. Use the sentences from exercise 1 as a model.

Ejemplo: **1** Vivo en una casa antigua. Está en el campo.

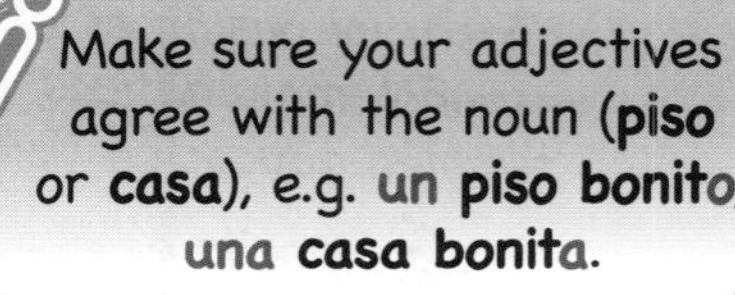

Lee el blog y contesta a las preguntas en inglés.

En mi familia hay cinco personas: mi madre, mi padre, mi hermano, mi hermana y yo. Vivimos en una casa muy cómoda en el campo.

Mi hermana tiene cinco años y mi hermano tiene catorce años. Se llama Gabriel. Es alto y divertido y es bastante inteligente. Mi hermana se llama Lucía. Tiene los ojos azules y es muy guapa.

Rafa

1 How many people are there in Rafa's family?
2 How old is his sister?
3 What is his brother called?
4 What is his brother like?
5 What does Rafa's sister look like?

Rompecabezas. Lee las frases. Copia y completa la tabla con la información del recuadro.
Brainteaser. Read the sentences. Copy and complete the grid with information from the box.

a Me llamo Antonio y mi padre se llama Pepe.
b Mi padre se llama Juan y me llamo Enrique.
c Me llamo Carolina y mi madre se llama María.
d Soy Antonio. Tengo doce años y mi madre se llama Carmen.
e Tengo once años y mi padre se llama Carlos.
f Mis padres se llaman María y Jorge.
g Soy Enrique. Tengo trece años.
h Mis padres se llaman Carlos y Dolores.
i Tengo trece años y mi madre se llama Laura.

nombre	edad	madre	padre
Mateo			
Antonio			Pepe
Carolina			
Enrique			

11 12 13 14
Carmen Dolores
Laura María
Carlos Jorge
Juan

Lee el mensaje de Miguel. Escribe el nombre correcto para cada dibujo.
Read Miguel's message. Write the correct name for each drawing.

Ejemplo: **1** David

¡Hola! Me llamo Miguel y tengo once años. Soy bastante bajo. Tengo el pelo negro y los ojos marrones. Llevo gafas. Soy simpático, bastante inteligente y además, muy divertido.
Vivo en Barcelona, en un piso antiguo. Me gusta mucho porque es muy cómodo. Barcelona está en la costa, en el este de España. Me gusta mucho vivir aquí. Es guay.
En mi familia hay cinco personas. Vivo con mi padre, mi madre, mi hermana Lara y mi hermano David.
Mi hermana tiene quince años. Tiene los ojos marrones y el pelo largo. Es delgada y bastante alta. Mi hermano es pelirrojo. Es muy divertido.
Tengo dos primos. Javi tiene diecisiete años. Es alto y delgado y tiene el pelo azul. Mi prima Adela es bastante baja, tiene el pelo castaño y largo y es muy generosa.
Hasta luego.

1

2

3
4

5

Describe a tu familia. Utiliza el texto del ejercicio 2 como modelo.
Describe your family. Use the text from exercise 2 as a model.

Mention:
- how old you are
- what you look like
- where you live and what it's like
- whether you like living there and why (not)
- who you live with
- descriptions of two members of your family.

Copia y completa la tabla.

1 A la una voy al parque.
2 A las dos y media voy a la cafetería.
3 A las tres y cuarto voy a la bolera.
4 A las cinco menos veinte voy al cine.
5 A las siete voy de paseo con mi familia.

	time	place
1	c	h

Copia y completa el diálogo con palabras del cuadro.
Copy and complete the dialogue using words from the box.

Ejemplo: **1** una ración de patatas bravas

Camarero: Buenos días, ¿qué quieren?
Fabio: Quiero **1** y **2** , por favor.
Camarero: ¿Algo más?
Paz: Sí, **3** y **4** , por favor.
Camarero: ¿Y de beber?
Paz: Quiero **5** .
Fabio: Y yo quiero **6** .

una ración de calamares
un té
una ración de gambas
una Coca-Cola
una ración de patatas bravas
una ración de jamón

Escribe otro diálogo utilizando los dibujos.
Write another dialogue, using the pictures.

Ejemplo:
Camarero: Buenos días, ¿qué quieren?
Ana: Quiero una ración de tortilla y una...

Escribe las frases en el orden correcto. Luego tradúcelas al inglés.
Write the sentences in the correct order. Then translate them into English.

1 hay Madrid muchos Me mucho en gusta porque vivir monumentos.
2 porque nada No gusta muy en es Tarragona aburrido. me vivir
3 muchos porque Barcelona encanta vivir hay en Me restaurantes.
4 interesante. gusta es Ibiza Me porque vivir muy en
5 tiendas. Me porque gusta Málaga mucho en hay muchas vivir
6 no vivir porque en me centro Órgiva hay No gusta comercial.

Escribe estas frases.

Ejemplo: **1** Me gusta vivir en Ampurias porque hay un castillo y también hay unos museos.

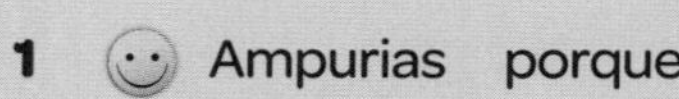
1 Ampurias porque

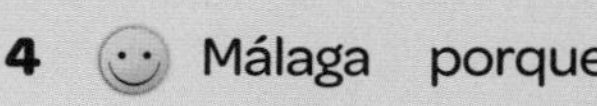
4 Málaga porque

2 Madrid porque

5 Capileira porque

nothing

3 Valencia porque
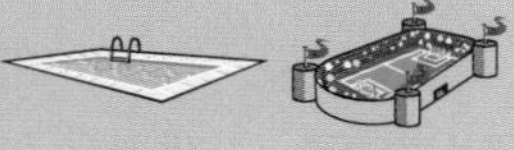

Lee el texto y contesta a las preguntas.

Me llamo Blanca y vivo en Pontevedra. Está en el noroeste de España, en la costa. Me gusta vivir aquí, pero llueve mucho. Cuando llueve, voy al polideportivo y juego al baloncesto con mis amigos. En Pontevedra hay un museo y unas plazas. También hay una catedral.

En mi tiempo libre salgo con mis amigas. Vamos al centro comercial, donde hablamos y escuchamos música. Normalmente los sábados voy a la playa, pero este fin de semana voy a montar en bici porque voy a recaudar dinero para Oxfam. ¡Va a ser largo, pero es importante!

1 Where exactly is Pontevedra?
2 What does Blanca do when it rains?
3 What is there in her town? Mention three things.
4 List three other things Blanca does with her friends.
5 What does she normally do on a Saturday?
6 What is she going to do this weekend and why?

recaudar dinero *to raise money*

Escribe un correo electrónico utilizando el texto de Blanca como modelo.
Write an email using Blanca's text as a model.

Mention:
- where you live
- what you do when the weather is not great
- what there is in your town/village
- what you do in your free time
- what you normally do on Saturdays
- what you are going to do this Saturday.

The present tense

1 Regular verbs

There are three types of regular verbs in Spanish: **-ar**, **-er** and **-ir**.
Rule: Replace the infinitive ending with the endings shown in bold.

-ar verbs

habl**ar**	to speak		
(yo) habl**o**	I speak	(nosotros) habl**amos**	we speak
(tú) habl**as**	you speak	(vosotros) habl**áis**	you (plural) speak
(él/ella) habl**a**	he/she speaks	(ellos) habl**an**	they speak

In brackets you can see the pronouns I/you/he/she/we/you/they. Often these are not used in Spanish as it is clear who is speaking from the verb ending.

-er verbs

com**er**	to eat		
com**o**	I eat	com**emos**	we eat
com**es**	you eat	com**éis**	you (plural) eat
com**e**	he/she eats	com**en**	they eat

-ir verbs

escrib**ir**	to write		
escrib**o**	I write	escrib**imos**	we write
escrib**es**	you write	escrib**ís**	you (plural) write
escrib**e**	he/she writes	escrib**en**	they write

Once you know the pattern they follow, you can apply the rules to other **-ar**, **-er** and **-ir** verbs you come across.

2 Stem-changing verbs

Some Spanish verbs are called stem-changing verbs or 'boot' verbs.

jugar	to play		
juego	I play	jugamos	we play
juegas	you play	jugáis	you (plural) play
juega	he/she plays	**jue**gan	they play

querer	to want		
qu**ie**ro	I want	queremos	we want
qu**ie**res	you want	queréis	you (plural) want
qu**ie**re	he/she wants	qu**ie**ren	they want

The present tense (cont.)

3 Irregular verbs

Some verbs don't follow the usual patterns.
Rule: Learn each verb by heart.

tener to have

ten**g**o	I have	tenemos	we have
tienes	you have	tenéis	you (plural) have
tiene	he/she has	tienen	they have

ser to be

soy	I am	somos	we are
eres	you are	sois	you (plural) are
es	he/she/it is	son	they are

ir to go

voy	I go	vamos	we go
vas	you go	vais	you (plural) go
va	he/she goes	van	they go

hacer to do/to make

ha**g**o	I do	hacemos	we do
haces	you do	hacéis	you (plural) do
hace	he/she does	hacen	they do

The near future tense

The near future tense is used to talk about what you are going to do. Use the present tense of the verb **ir** followed by **a** plus the infinitive.

voy a salir con mis amigos	I am going to go out with my friends
vas a ver la televisión	you are going to watch TV
va a ir de paseo	he/she is going to go for a walk
vamos a jugar al voleibol	we are going to play volleyball
vais a chatear	you (plural) are going to chat online
van a hacer los deberes	they are going to do homework

The Spanish–English word lists on the following pages appear in three columns:

- The first column lists the Spanish words in alphabetical order.
- The second column tells you what part of speech the word is (verb, noun, etc.) in abbreviated form.
- The third column gives the English translation of the word in the first column.

Here is a key to the abbreviations in the second column:

adj	adjective
adv	adverb
conj	conjunction
exclam	exclamation
interrog	interrogative
n (pl)	plural noun
nf	feminine noun
nm	masculine noun
num	number
prep	preposition
pron	pronoun
v	verb

The names for the parts of speech given here are those you are most likely to find in a normal dictionary. In *¡Viva!* –we use different terms for three of these parts of speech. These are:

interrogative = question word
conjunction = connective
adverb = intensifier

A

abril	*nm*	*April*
abrir	*v*	*to open*
la abuela	*nf*	*grandmother*
el abuelo	*nm*	*grandfather*
los abuelos	*nm (pl)*	*grandparents*
aburrido/a	*adj*	*boring*
el aceite de oliva	*nm*	*olive oil*
el acróbata	*nm*	*acrobat (male)*
la acróbata	*nf*	*acrobat (female)*
acrobático/a	*adj*	*acrobatic*
la actividad	*nf*	*activity*
activo/a	*adj*	*active*
el actor	*nm*	*actor*
la actriz	*nf*	*actress*
además	*adv*	*also, in addition*
¡adiós!	*exclam*	*goodbye!*
agosto	*nm*	*August*
el agua	*nf*	*water*
el agua potable	*nf*	*drinking water*
Alemania	*nf*	*Germany*
algo	*pron*	*something*
la almendra	*nf*	*almond*
el alpinismo	*nm*	*climbing*
alrededor de	*prep*	*around*
alto/a	*adj*	*tall, loud*
amarillo/a	*adj*	*yellow*
la amiga	*nf*	*friend (female)*
el amigo	*nm*	*friend (male)*
andar	*v*	*to walk*
Andorra	*nf*	*Andorra*
el anfibio	*nm*	*amphibian*
el animal	*nm*	*animal*
antiguo/a	*adj*	*old*
el año	*nm*	*year*
aproximadamente	*adv*	*approximately*
aquí	*adv*	*here*
el árbol	*nm*	*tree*
el árbol de Navidad	*nm*	*Christmas tree*
Argentina	*nf*	*Argentina*
las artes marciales	*nf (pl)*	*martial arts*
la asignatura	*nf*	*subject*
el atletismo	*nm*	*athletics*
el autorretrato	*nm*	*self-portrait*
avanzar	*v*	*to move forward*
el ave	*nf*	*bird*
la aventura	*nf*	*adventure*
el azúcar	*nf*	*sugar*
azul	*adj*	*blue*

B

bailar	*v*	*to dance*
bajo/a	*adj*	*short*
el balcón	*nm*	*balcony*
el baloncesto	*nm*	*basketball*
la bandera	*nf*	*flag*
la barba	*nf*	*beard*
el barrio	*nm*	*neighbourhood*
bastante	*adv*	*quite*
la batería	*nf*	*drums*
el batido de chocolate	*nm*	*chocolate milkshake*
el batido de fresa	*nm*	*strawberry milkshake*
beber	*v*	*to drink*
el beige	*nm*	*beige*
el belén	*nm*	*nativity scene*
la biblioteca	*nf*	*library*
la bici	*nf*	*bike*
bien	*adv*	*well*
el bigote	*nf*	*moustache*
la bisabuela	*nm*	*great-grandmother*
el bisabuelo	*nf*	*great-grandfather*
blanco/a	*adj*	*white*
el bloc de dibujo	*nm*	*sketch pad*
el bocadillo	*nm*	*sandwich*
la bolera	*nf*	*bowling alley*
Bolivia	*nf*	*Bolivia*
bonito/a	*adj*	*nice*
la botella	*nf*	*bottle*
el brócoli	*nm*	*broccoli*
bueno/a	*adj*	*good*
el búfalo	*nm*	*buffalo*
el búho	*nm*	*owl*
el búho real	*nm*	*eagle owl*

C

la cabalgata	*nf*	*procession*
el caballo	*nm*	*horse*
cada	*adj*	*every*
el café	*nm*	*coffee*
la cafetería	*nf*	*café*
los calamares	*nm (pl)*	*squid*
la calavera	*nf*	*skull*
la calle	*nf*	*street*
el calor	*nm*	*heat*
calvo/a	*adj*	*bald*
la cámara	*nf*	*camera*
la camarera	*nf*	*waitress*
el camarero	*nm*	*waiter*
cambiar	*v*	*to change, exchange*
el camello	*nm*	*camel*
la camiseta	*nf*	*shirt*
el campo	*nm*	*countryside*
el campo de baloncesto	*nm*	*basketball court*
el campo de fútbol	*nm*	*football pitch*
la canción	*nf*	*song*
el canguro	*nm*	*kangaroo*
el cantante	*nm*	*singer (male)*
la cantante	*nf*	*singer (female)*
cantar	*v*	*to sing*
caótico/a	*adj*	*chaotic*
la capital	*nf*	*capital*
el carácter	*nm*	*character*
la característica	*nf*	*characteristic*
el caramelo	*nm*	*sweet*
el carnaval	*nm*	*carnival*
carnívoro/a	*adj*	*carnivorous*
la cartulina	*nf*	*piece of card*
la casa	*nf*	*house*
la casilla de salida	*nf*	*start square*
castaño	*adj*	*brown*
el castillo	*nm*	*castle*
catorce	*num*	*fourteen*
la cebra	*nf*	*zebra*
la celebración	*nf*	*celebration*
celebrar	*v*	*to celebrate*
el cementerio	*nm*	*cemetery*
la cena	*nf*	*dinner*
el centro	*nm*	*the centre*
el centro comercial	*nm*	*shopping centre*
chatear	*v*	*to chat online*
la chica	*nf*	*girl*
el chicle	*nm*	*chewing gum*

el chico	nm	boy
Chile	nm	Chile
la chocolatina	nf	chocolate bar
el ciclismo	nm	cycling
cien	num	hundred
la ciencia ficción	nf	science-fiction
las ciencias	nf (pl)	science
cinco	num	five
cincuenta	num	fifty
el cine	nm	cinema
la ciudad	nf	town, city
la Ciudad de México	nf	Mexico City
la clase	nf	classroom, lesson
la clase de informática	nf	ICT room
la cobaya	nf	guinea pig
la Coca-Cola	nf	Coca-Cola
el colegio	nm	school
la coliflor	nf	cauliflower
el color	nm	colour
el comedor	nm	dining hall
comer	v	to eat
como	prep	like
¿cómo?	interrog	how?, what?
cómodo/a	adj	comfortable
las compras	nf (pl)	shopping
la computadora	nf	computer
con	prep	with
el conejo	nm	rabbit
contestar	v	to answer
la cordillera	nf	mountain range
el coro	nm	choir
correcto/a	adj	correct
el correo	nm	email
correr	v	to run
corto/a	adj	short
la cosa	nf	thing
la costa	nf	coast, seaside
Costa Rica	nf	Costa Rica
cristiano/a	adj	Christian
la croqueta	nf	croquette
el cuaderno	nm	exercise book
el cuadro	nm	painting
¿cuál?	interrog	what?, which?
cuando	conj	when
¿cuándo?	interrog	when?
¿cuánto?	interrog	how much?
¿cuántos/as?	interrog	how many?
cuarenta	num	forty
cuatro	num	four
Cuba	nf	Cuba
la cuerda	nf	piece of string
¡cuidado!	exclam	careful!
el cumpleaños	nm	birthday

D

el dado	nm	die
de	prep	of
los deberes	nm (pl)	homework
decir	v	to say
decorar	v	to decorate
el defensa	nm	defender (male)
la defensa	nf	defender (female)
la delantera	nf	forward, striker (female)
el delantero	nm	forward, striker (male)
delgado/a	adj	slim
delicioso/a	adj	delicious
demasiado	adv	too
el deporte	nm	sport
el deportista	nm	sportsman
la deportista	nf	sportswoman
la derecha	nf	right(-hand side)
el desfile	nm	parade
el desierto	nm	desert
el día	nm	day
el dibujo	nm	art, picture
diciembre	nm	December
diecinueve	num	nineteen

dieciocho	*num*	*eighteen*
dieciséis	*num*	*sixteen*
diecisiete	*num*	*seventeen*
la dieta	*nf*	*diet*
diez	*num*	*ten*
diferente	*adj*	*different*
difícil	*adj*	*difficult*
el dinero	*nm*	*money*
el diseño	*nm*	*design*
disfrazado/a	*adj*	*disguised, in fancy dress*
divertido/a	*adj*	*amusing, funny*
doce	*num*	*twelve*
el domingo	*nm*	*Sunday*
donde	*conj*	*where*
¿dónde?	*interrog*	*where?*
dos	*num*	*two*
durante	*prep*	*during*
durar	*v*	*to last*

E

e	*conj*	*and (used before i- and hi-)*
ecológico/a	*adj*	*ecological, environmental*
Ecuador	*nm*	*Ecuador*
la edad	*nf*	*age*
la educación física	*nf*	*physical education, PE*
el ejemplo	*nm*	*example*
por ejemplo	*adv*	*for example*
el elefante	*nm*	*elephant*
elegir	*v*	*to choose*
emocionante	*adj*	*exciting*
en	*prep*	*in*
me encanta(n)	*v*	*I love*
la encuesta	*nf*	*quiz, survey*
enero	*nm*	*January*
enorme	*adj*	*enormous*
enrollar	*v*	*to roll around, to encircle*
la ensalada	*nf*	*salad*
entre	*prep*	*between*
el equipo	*nm*	*team*
la equitación	*nf*	*horse-riding*
el erizo (de mar)	*nm*	*sea urchin*
el error	*nm*	*error, mistake*
escribir	*v*	*to write*
se escribe	*v*	*is spelt*
escuchar	*v*	*to listen (to)*
eso	*pron*	*this*
España	*nf*	*Spain*
el español	*nm*	*Spanish*
especial	*adj*	*special*
espectacular	*adj*	*spectacular*
el espectáculo	*nm*	*display, show*
el esquí	*nm*	*skiing*
esquiar	*v*	*to ski*
la estación	*nf*	*season*
el estadio	*nm*	*stadium*
Estados Unidos	*nm (pl)*	*United States of America*
estar	*v*	*to be*
este/a	*adj*	*this*
el este	*nm*	*the east*
el estilo	*nm*	*style*
estudiar	*v*	*to study*
estupendo/a	*adj*	*brilliant*
estúpido/a	*adj*	*stupid*
excelente	*adj*	*excellent*
la extinción	*nf*	*extinction*
extrovertido/a	*adj*	*extrovert*
el euro	*nm*	*euro*

F

fácil	*adj*	*easy*
la familia	*nf*	*family*
famoso/a	*adj*	*famous*
fanático/a (de)	*adj*	*crazy (about)*
la Fanta limón	*nf*	*lemon Fanta*
la fantasía	*nf*	*fantasy*
fatal	*adj*	*awful*
favorito/a	*adj*	*favourite*
febrero	*nm*	*February*
feliz	*adj*	*happy*
fenomenal	*adj*	*great, fantastic*

feo/a	*adj*	*ugly*
la feria	*nf*	*fair*
feroz	*adj*	*ferocious*
la ficha	*nf*	*counter*
la fiesta	*nf*	*festival*
finalmente	*adv*	*finally*
el fin de semana	*nm*	*weekend*
el flamenco	*nm*	*flamenco*
la flor	*nf*	*flower*
la foto	*nf*	*photo*
el francés	*nm*	*French*
Francia	*nf*	*France*
el frío	*nm*	*cold*
la frontera	*nf*	*border*
la fruta	*nf*	*fruit*
los fuegos artificiales	*nm (pl)*	*fireworks*
fuerte	*adj*	*strong*
el fútbol	*nm*	*football*
el futbolista	*nm*	*footballer (male)*
la futbolista	*nf*	*footballer (female)*

G

las gafas	*nf (pl)*	*glasses*
la gamba	*nf*	*prawn*
el gato	*nm*	*cat*
el geco	*nm*	*gecko*
en general	*adv*	*generally*
generalmente	*adv*	*generally*
generoso/a	*adj*	*generous*
la geografía	*nf*	*geography*
la gimnasia	*nf*	*gymnastics*
el gimnasio	*nm*	*gymnasium, gym*
el gol	*nm*	*goal*
gordo/a	*adj*	*fat*
el Gordo	*nm*	*a Christmas lottery prize*
el gorila	*nm*	*gorilla*
¡gracias!	*exclam*	*thanks!*
grande	*adj*	*big*
el granizado de limón	*nf*	*iced lemon drink*
gris	*adj*	*grey*
gritar	*v*	*to shout*
guapo/a	*adj*	*good-looking*
el grupo	*nm*	*group, band*
el grupo social	*nm*	*social group*
el guarda	*nm*	*guard (male)*
la guarda	*nf*	*guard (female)*
guay	*adj*	*cool*
le gusta(n)	*v*	*he/she likes*
me gusta(n)	*v*	*I like*
te gusta(n)	*v*	*you like*
la guitarra	*nf*	*guitar*

H

hablar	*v*	*to speak, to talk*
el hámster	*nm*	*hamster*
hasta	*prep*	*until*
¡hasta luego!	*exclam*	*see you later!*
¡ni hablar!	*exclam*	*no way!*
hacer	*v*	*to do*
hay	*v*	*there is, there are*
el helicóptero	*nm*	*helicopter*
herbívoro/a	*adj*	*herbivorous*
la hermana	*nf*	*sister*
la hermanastra	*nf*	*half-sister, stepsister*
el hermanastro	*nm*	*half-brother, stepbrother*
el hermano	*nm*	*brother*
los hermanos	*nm (pl)*	*siblings, brothers and sisters, brothers*
el héroe	*nm*	*hero (male)*
la hija	*nf*	*daughter*
la hija única	*nf*	*only child (girl)*
el hijo	*nm*	*child, son*
el hijo único	*nm*	*only child (boy)*
hindú	*adj*	*Hindu*
el hipopótamo	*nm*	*hippopotamus*
la historia	*nf*	*history, story*
la hoja	*nf*	*sheet*

la hoja de papel crepé	*nf*	*sheet of crêpe paper*
¡hola!	*exclam*	*hello!*
honesto/a	*adj*	*honest*
la hora	*nf*	*time, hour*
el horario	*nm*	*timetable*
horrible	*adj*	*horrible*

I

igual a	*adv*	*equals*
imaginar	*v*	*to imagine*
importante	*adj*	*important*
impresionante	*adj*	*impressive*
la infanta	*nf*	*princess*
la informática	*nf*	*ICT*
el inglés	*nm*	*English*
el ingrediente	*nm*	*ingredient*
el insecto	*nm*	*insect*
el insti	*nm*	*school*
el instituto	*nm*	*school*
el instrumento	*nm*	*instrument*
inteligente	*adj*	*intelligent*
interesante	*adj*	*interesting*
el invierno	*nm*	*winter*
ir	*v*	*to go*
Italia	*nf*	*Italy*
la izquierda	*nf*	*left(-hand side)*

J

el jaguar	*nm*	*jaguar*
el jamón	*nm*	*ham*
Japón	*nm*	*Japan*
el jardín	*nm*	*garden*
la jirafa	*nf*	*giraffe*
la jota	*nf*	*a folk dance*
joven	*adj*	*young*
judío/a	*adj*	*Jewish*
el juego	*nm*	*game*
el jueves	*nm*	*Thursday*
jugar	*v*	*to play*
julio	*nm*	*July*
junio	*nm*	*June*
juntos/as	*adj*	*together*

K

el karaoke	*nm*	*karaoke*
el kilo	*nm*	*kilo*
el kilómetro	*nm*	*kilometre*

L

el laboratorio	*nm*	*laboratory*
lanzar	*v*	*to throw*
los lápices de colores	*nm (pl)*	*coloured pencils*
el lápiz	*nm*	*pencil*
largo/a	*adj*	*long*
la lasaña	*nf*	*lasagne*
leer	*v*	*to read*
lejos	*adv*	*far away*
la letra	*nf*	*letter*
el letrero	*nm*	*notice*
la limonada	*nf*	*fresh lemonade*
el limpiapipas	*nm*	*pipe-cleaner*
liso/a	*adj*	*straight*
listo/a	*adj*	*clever*
llamarse	*v*	*to be called*
llegar	*v*	*to arrive*
llevar	*v*	*to wear*
llover	*v*	*to rain*
el lobo	*nm*	*wolf*
el lobo ibérico	*nm*	*Iberian wolf*
loco/a	*adj*	*mad*
luego	*adv*	*then*
el lunes	*nm*	*Monday*

M

la madrastra	*nf*	*stepmother*
la madre	*nf*	*mother*
mandar	*v*	*to send*
la mantilla	*nf*	*lace veil*
la mañana	*nf*	*morning*
el mar	*nm*	*sea*
marcar un gol	*v*	*to score a goal*
la mariposa	*nf*	*butterfly*
los mariscos	*nm (pl)*	*seafood*
marrón	*adj*	*brown*
el martes	*nm*	*Tuesday*

marzo	*nm*	*March*
más	*adv*	*plus, more, else*
la máscara	*nf*	*mask*
el material	*nm*	*material, equipment*
los materiales para deportes	*nm (pl)*	*sports equipment*
mayo	*nm*	*May*
la mayoría	*nf*	*most*
mejor	*adj*	*better, best*
mejorar	*v*	*to improve*
el melón	*nm*	*melon*
menos	*prep*	*minus*
el menú	*nm*	*menu*
el mercado	*nm*	*market*
la mesa	*nf*	*table*
mexicano/a	*adj*	*Mexican*
México	*nm*	*Mexico*
mi	*adj*	*my*
el miembro	*nm*	*member*
el miércoles	*nm*	*Wednesday*
la Misa del Gallo	*nf*	*midnight mass*
moderno/a	*adj*	*modern*
la montaña	*nf*	*mountain, mountains*
montar	*v*	*to set up*
montar en	*v*	*to ride*
el monumento	*nm*	*monument*
la mota	*nf*	*fleck*
el móvil	*nm*	*mobile*
mucho	*adv*	*a lot*
los muertos	*nm (pl)*	*the dead*
mundial	*adj*	*world*
el museo	*nm*	*museum*
la música	*nf*	*music*
musulmán/ana	*adj*	*Muslim*
muy	*adv*	*very*

N

nacional	*adj*	*national*
nada	*adv*	*nothing*
nadar	*v*	*to swim*
naranja	*adj*	*orange*
la naranja	*nf*	*orange*
la natación	*nf*	*swimming*
navegar por Internet	*v*	*to surf the net*
la Navidad	*nf*	*Christmas*
necesitar	*v*	*to need*
negro/a	*adj*	*black*
nevar	*v*	*to snow*
la nieta	*nf*	*granddaughter*
el nieto	*nm*	*grandchild, grandson*
la niña	*nf*	*girl*
el niño	*nm*	*child, boy*
no	*adv*	*no, not*
la Nochebuena	*nf*	*Christmas Eve*
la Nochevieja	*nf*	*New Year's Eve*
el nombre	*nm*	*name*
normalmente	*adv*	*normally*
el norte	*nm*	*the north*
noventa	*num*	*ninety*
noviembre	*nm*	*November*
nueve	*num*	*nine*
nuevo/a	*adj*	*new*
el número	*nm*	*number*
nunca	*adv*	*never*

O

o	*conj*	*or*
ochenta	*num*	*eighty*
ocho	*num*	*eight*
octubre	*nm*	*October*
el oeste	*nm*	*the west*
el ojo	*nm*	*eye*
omnívoro/a	*adj*	*omnivorous*
once	*num*	*eleven*
la ópera	*nf*	*opera*
la opinión	*nf*	*opinion*
optimista	*adj*	*optimistic*
el ordenador	*nm*	*computer*
el oso	*nm*	*bear*

el oso pardo	*nm*	*brown bear*
el otoño	*nm*	*autumn*

P

paciente	*adj*	*patient*
el padrastro	*nm*	*stepfather*
el padre	*nm*	*father*
los padres	*nm (pl)*	*parents*
la paella	*nf*	*paella*
el país	*nm*	*country*
el palacio	*nm*	*palace*
el pan	*nm*	*bread*
el pan con tomate	*nm*	*tomato bread*
el panda	*nm*	*panda*
el papel	*nm*	*paper*
pardo	*adj*	*grey-brown*
el parque	*nm*	*park*
participar	*v*	*to take part*
el partido	*nm*	*match*
el pasaporte	*nm*	*passport*
pasar	*v*	*to happen*
pasarlo bien	*v*	*to have a good time*
el paseo	*nm*	*walk*
la pasión	*nf*	*passion*
la pasta	*nf*	*pasta*
la pata	*nf*	*foot, paw*
las patatas bravas	*nf (pl)*	*spicy potatoes*
las patatas fritas	*nf (pl)*	*crisps*
el patio	*nm*	*playground*
las pecas	*nf (pl)*	*freckles*
la película	*nf*	*film*
el peligro	*nm*	*danger*
peligroso/a	*adj*	*dangerous*
pelirrojo/a	*adj*	*redhead*
el pelo	*nm*	*hair*
la pelota	*nf*	*ball*
la pelota vasca	*nf*	*pelota (ball game)*
la península	*nf*	*peninsula*
pensar	*v*	*to think*
pequeño/a	*adj*	*small*
perder	*v*	*to miss, lose*
perfecto/a	*adj*	*perfect*
pero	*conj*	*but*
el perro	*nm*	*dog*
la persona	*nf*	*person*
el personaje	*nm*	*character*
las personas	*nf (pl)*	*people*
pesimista	*adj*	*pessimistic*
el pez	*nm*	*fish*
el piano	*nm*	*piano*
el pincho	*nm*	*tapa, snack*
pintar	*v*	*to paint*
el pintor	*nm*	*painter*
la piraña	*nf*	*piranha*
el pirata	*nm*	*pirate*
la piscina	*nf*	*swimming pool*
el piso	*nm*	*flat*
la pizarra	*nf*	*blackboard, whiteboard*
la playa	*nf*	*beach*
la plaza	*nf*	*square*
la plaza mayor	*nf*	*main square*
plegar	*v*	*to fold*
un poco	*nm*	*a bit*
el polideportivo	*nm*	*sports centre*
poner	*v*	*to put*
por	*prep*	*for*
por favor	*exclam*	*please*
porque	*conj*	*because*
¿por qué?	*interrog*	*why?*
Portugal	*nm*	*Portugal*
positivo/a	*adj*	*positive*
la postal navideña	*nf*	*Christmas card*
práctico/a	*adj*	*practical*
preferir	*v*	*to prefer*
la pregunta	*nf*	*question*
preguntar	*v*	*to ask (questions)*
prepararse	*v*	*to get ready*
los preparativos	*nm (pl)*	*preparations*
la prima	*nf*	*cousin (female)*
la primavera	*nf*	*spring*
primero	*adv*	*first*
el primo	*nm*	*cousin (male)*
la princesa	*nf*	*princess*

principal	*adj*	*main*
producir	*v*	*to produce*
el producto	*nm*	*product, produce*
el profesor	*nm*	*teacher (male)*
la profesora	*nf*	*teacher (female)*
la pronunciación	*nf*	*pronunciation*
el pueblo	*nm*	*village, small town*
el punto	*nm*	*point*

Q

que	*conj, pron*	*that, who, which*
¿qué?	*interrog*	*what?, which?*
querer	*v*	*to want*
¿qué tal?	*interrog*	*how are you?*
¿quién?	*interrog*	*who?*
quince	*num*	*fifteen*

R

la ración	*nf*	*snack, portion*
rápido/a	*adj*	*fast*
raro/a	*adj*	*strange, weird, odd*
el ratón	*nm*	*mouse*
real	*adj*	*royal*
el recreo	*nm*	*break time*
el refresco	*nm*	*fizzy drink*
el regalo	*nm*	*present*
la regla	*nf*	*rule*
regular	*adj*	*not bad*
la reina	*nf*	*queen*
relajarse	*v*	*to relax*
la religión	*nf*	*RE*
representar	*v*	*to play*
el reptil	*nm*	*reptile*
el restaurante	*nm*	*restaurant*
el rey	*nm*	*king*
los Reyes Magos	*nm (pl)*	*Three Kings, Wise Men*
el río	*nm*	*river*
rizado/a	*adj*	*curly*
rojo/a	*adj*	*red*
la ropa	*nf*	*clothes*
la ropa tradicional	*nf*	*traditional costumes*
rosa	*adj*	*pink*
el roscón de Reyes	*nm*	*a ring-shaped cake eaten on 6 January*
el rotulador de color	*nm*	*coloured marker pen*
rubio/a	*adj*	*blond(e)*
ruidoso/a	*adj*	*noisy*
la rumba	*nf*	*rumba (song and dance)*

S

el sábado	*nm*	*Saturday*
sacar	*v*	*to take*
salir	*v*	*to go out*
el salmón	*nm*	*salmon*
la salsa	*nf*	*salsa*
el saludo	*nm*	*greeting*
el saxofón	*nm*	*saxophone*
seis	*num*	*six*
la semana	*nf*	*week*
la Semana Santa	*nf*	*Easter, Holy Week*
separar	*v*	*to separate*
septiembre	*nm*	*September*
ser	*v*	*to be*
serio/a	*adj*	*serious*
la serpiente	*nf*	*snake*
el servicio de agua potable	*nm*	*supply of drinking water*
sesenta	*num*	*sixty*
setenta	*num*	*seventy*
severo/a	*adj*	*strict*
las sevillanas	*nf (pl)*	*dance from Seville, women from Seville*
sí	*adv*	*yes*
siete	*num*	*seven*
sij	*adj*	*Sikh*
silencioso/a	*adj*	*silent*
la silla	*nf*	*chair*
simpático/a	*adj*	*nice, kind*
sincero/a	*adj*	*sincere*

el sitio	nm	place
el SMS	nm	text message
el sol	nm	sun
solitario/a	adj	solitary
el son	nm	son (Cuban song and dance)
su	adj	his, her
subir (a Internet)	v	to upload (to the internet), to post (online)
la suerte	nf	luck
superguay	adj	awesome
por supuesto	adv	of course
el sur	nm	the south

T

la tablet	nf	tablet (computer)
el talento	nm	talent
también	adv	also, too
tampoco	adv	nor, neither
el tango	nm	tango
la tapa	nf	tapa, snack
la tarde	nf	afternoon
más tarde	adv	later
el té	nm	tea
el teatro	nm	drama
la tecnología	nf	technology
la televisión	nf	TV
el tema	nm	theme
tener	v	to have
tener lugar	v	to take place
el tenis	nm	tennis
la tía	nf	aunt
el tiempo	nm	weather, time
el tiempo libre	nm	spare time
la tienda	nf	shop
el tigre	nm	tiger
las tijeras	nf (pl)	scissors
tímido/a	adj	shy
el tío	nm	uncle
los tíos	nm (pl)	uncles, aunt and uncle
el tipo	nm	type
tirar	v	to throw
tocar	v	to play (an instrument)
te toca a ti	v	its your turn
todos/as	adj	all
todos los días	adv	every day
el tomate	nm	tomato
tonto/a	adj	silly
la tortilla	nf	Spanish omelette
la tortuga	nf	tortoise
el total	nm	total
el trabajo	nm	work
la tradición	nf	tradition
tradicional	adj	traditional
tranquilo/a	adj	quiet
trece	num	thirteen
treinta	num	thirty
tres	num	three
el trigal	nm	wheat field
el trigo	nm	wheat
triste	adj	sad
tu	adj	your
tú	pron	you
el tuit	nm	tweet
la tumba	nf	tomb, grave
el turno	nm	turn

U

u	conj	or (used before o- and ho-)
último/a	adj	last
la universidad	nf	university
uno	num	one
útil	adj	useful
la uva	nf	grape

V

la vaca	nf	cow
las vacaciones	nf (pl)	holidays
el vampiro	nm	vampire
a veces	adv	sometimes
veinte	num	twenty
la vela	nf	candle
ver	v	to see, to watch

el verano	*nm*	*summer*
la verdad	*nf*	*true, the truth*
verde	*adj*	*green*
de vez en cuando	*adv*	*from time to time*
la vida	*nf*	*life*
el videojuego	*nm*	*video game*
viejo/a	*adj*	*old*
el viernes	*nm*	*Friday*
el villancico	*nm*	*Christmas carol*
violento/a	*adj*	*violent*
vivir	*v*	*to live*
el voleibol	*nm*	*volleyball*

Y

y	*conj*	*and*
yo	*pron*	*I*
el yoga	*nm*	*yoga*
el yogur	*nm*	*yoghurt*

Z

la zambomba	*nf*	*a drum played by pulling a rope*
el zapato	*nm*	*shoe*
el zorro	*nm*	*fox*
el zumo	*nm*	*juice*

Apunta (los datos).	Note down (the details).
Busca en el texto (dos ejemplos de...)	Find in the text (two examples of...)
Canta.	Sing.
Comenta el trabajo de tu compañero/a.	Comment on your partner's work.
Compara tus respuestas.	Compare your answers.
Completa (las frases).	Complete (the sentences).
Comprueba tus respuestas.	Check your answers.
Con tu compañero/a.	With your partner.
Contesta a las preguntas.	Answer the questions.
Copia y completa (la tabla/la ficha).	Copy and complete (the grid/the form).
Corrige los errores.	Correct the mistakes.
Da tu opinión (sobre...)	Give your opinion (about...)
Describe...	Describe...
Elige (la respuesta/palabra correcta).	Choose (the correct answer/word).
Empareja (las frases/los dibujos) con (los nombres/las descripciones).	Match (the sentences/the drawings) with (the names/ the descriptions).
En tu grupo de tres/cuatro.	In your group of three/four.
Escribe (el nombre correcto/la letra correcta).	Write (the correct name/the correct letter).
Escribe (un texto/un diálogo/un mensaje/ un párrafo/un tuit/una entrada para un blog) (sobre...)	Write (a text/a dialogue/a message/a paragraph/ a tweet/a blog entry) (about...)
Escucha.	Listen.
Hay (dos imágenes) de sobra.	There are (two pictures) too many.
Haz un diálogo.	Create a dialogue.
Haz un sondeo.	Carry out a survey.
Haz una presentación (sobre...)	Give a presentation (about...)
Juega a...	Play...
Lee (el texto/el mensaje/el artículo).	Read (the text/the message/the article).
Lee (el texto/el mensaje/el artículo) otra vez.	Read (the text/the message/the article) again.
Lee (el texto/el mensaje/el artículo) en voz alta.	Read (the text/the message/the article) out loud.
Mira...	Look at...
Pon (los dibujos/las frases) en el orden correcto.	Put (the drawings/the sentences) in the correct order.
Practica...	Practise...
Pregunta (a seis/diez personas).	Ask (six/ten people).
Pregunta y contesta.	Ask and answer questions.
Prepara una presentación.	Prepare a presentation.
Trabaja en un grupo de tres/cuatro personas.	Work in a group of three/four people.
Traduce (las frases/las palabras) al inglés.	Translate (the words/the sentences) into English.
Utiliza el texto del ejercicio 5 como modelo.	Use the text from exercise 5 as a model.
¿Verdadero o falso?	True or false?

El profesor/La profesora dice...

¡Entrad!	*Come in!*
¡Sentaos!	*Sit down!*
¡Silencio, por favor!	*Silence, please!*
Sacad los libros.	*Take out your books.*
Sacad los cuadernos.	*Take out your exercise books.*
Mirad la página 20.	*Look at page 20.*
¡Escuchad!	*Listen!*
¡Hablad!	*Speak!*
¡Leed!	*Read!*
¡Escribid!	*Write!*
¡Repetid!	*Repeat!*
Recoged las cosas.	*Tidy up your things.*
¡Buen trabajo!	*Good work!*
¡Bien hecho!	*Well done!*
¡Buena idea!	*Good idea!*
¡Lo has hecho muy bien!	*You did that really well!*
¡Qué interesante!	*How interesting!*
¡Genial!	*Great!*
¡Excelente!	*Excellent*
¡Estupendo!	*Fantastic!*
¡Has sacado un 10!	*You got 10/10!*
¡Está perfecto!	*Perfect!*
¡Atención!	*Careful!*
¿Cómo se puede mejorar?	*How can it be improved?*
¿Puedes poner un ejemplo?	*Can you give an example?*
¿Voluntarios?	*Who can help?*

Tú dices...

¡Por favor, profesor/profesora!	*Please, Sir/Miss!*
¿Cómo se escribe...?	*How do you spell...?*
¿Cómo se dice 'book' en español?	*How do you say 'book' in Spanish?*
¿Qué significa 'boli'?	*What does 'boli' mean?*
No entiendo.	*I don't understand.*
¿Puedes repetir?	*Can you repeat that?*
¿Puedo hablar en inglés?	*Can I speak in English?*
Tengo un problema...	*I have a problem...*

En mi mochila...

el bolígrafo/el boli	*pen*
la calculadora	*calculator*
el cuaderno	*exercise book*
el diccionario	*dictionary*
el estuche	*pencil case*
la goma	*rubber*
el lápiz	*pencil*
el libro	*book*
la mochila	*schoolbag, rucksack*
la regla	*ruler*
el sacapuntas	*pencil sharpener*